中庸实解

刘长志 著

中国财富出版社有限公司

图书在版编目（CIP）数据

中庸实解／刘长志著．—北京：中国财富出版社有限公司，2025.4
ISBN 978－7－5047－8093－5

Ⅰ．①中…　Ⅱ．①刘…　Ⅲ．①《中庸》—研究　Ⅳ．①B222.15

中国国家版本馆 CIP 数据核字（2024）第 025410 号

策划编辑	郝婧婕	**责任编辑**	郭逸亭	**版权编辑**	武　玥
责任印制	梁　凡	**责任校对**	张营营	**责任发行**	杨恩磊

出版发行	中国财富出版社有限公司		
社　　址	北京市丰台区南四环西路 188 号 5 区 20 楼	**邮政编码**	100070
电　　话	010－52227588 转 2098（发行部）	010－52227588 转 321（总编室）	
	010－52227566（24 小时读者服务）	010－52227588 转 305（质检部）	
网　　址	http：//www.cfpress.com.cn	**排　版**	宝蕾元
经　　销	新华书店	**印　刷**	宝蕾元仁浩（天津）印刷有限公司
书　　号	ISBN 978－7－5047－8093－5/B·0580		
开　　本	710mm×1000mm　1/16	**版　次**	2025 年 4 月第 1 版
印　　张	11.5	**印　次**	2025 年 4 月第 1 次印刷
字　　数	176 千字	**定　价**	59.80 元

前　言

　　《中庸》原属《礼记》第三十一篇，相传为孔伋所作（即子思著《中庸》）。宋朝时，朱熹先生将《大学》《中庸》《论语》《孟子》合编注释，称为"四书"。从南宋以后，"四书"成为科举考试的教科书，读书人想求取功名，就必须熟记"四书"。《中庸》主要注本有程颢《中庸义》、程颐《中庸解义》、朱熹《中庸章句》等。

　　关于"中庸"二字，很多人望文生义，以为"中庸"就是乡愿保身，是一种自私自利的处世方法，这显然是不对的。也有人简单地把"中庸"理解为不走极端，在两端之间进行权衡折中，把中庸之道等价于折中主义，这显然也是不对的。

　　程颐说："不偏之谓中，不易之谓庸。"朱熹说："中者，不偏不倚，无过不及之名。"这两句话，后世真正能理解的人非常有限。大部分人解读"中庸"就是凡事求其两者之间，既不偏左，也不偏右。这样理解就意味着"中庸"之道，就只有一个点。离开这个点，无论是"过"还是"不及"，都是错误的，这是非常严重的误解。

　　之所以要反对"过"与"不及"，是因为无论是"过"还是"不及"，从本质上说都是偏激的。如果凡事都要求一个既不偏左也不偏右的中间点，那这不也是一种新的偏激吗？孟子说："执中无权，犹执一也。所恶执一者，为其贼道也，举一而废百也"，就是对这种理解的明确反对和批判。

　　《论语·雍也》中，孔子说："中庸之为德也，其至矣乎！民鲜久矣。"

　　"中庸"的"中"是德性，侧重形而上的范畴，通常所说的"中"，只是德性之"中"的具体应用。《中庸》后文中说"喜怒哀乐之未发，谓之中"，能看到的"中"不是"中"本身，而是"中"的彰显。从行为角度来说，指既不使自己的行为落在"过"的一侧，也不让自己的行为出现在"不及"的一侧，在这之间的任何一个位置，都可以称为"无过无不及"。至于具体选择其中的哪一点，要看具体情况来决定。在左右之间，选择一段符合自己特质和具体情况的范畴，做出妥当的应对，就是符合中庸之道的。记住，中庸之道是个范畴，是一条赋予人们最大限度自由的道路。

　　"庸"是常然之理，"庸人"即平常的人，"中庸之人"即能按照常然之理行事的普通人。能依本分，无过无不及，符合社会公序良俗的，都是"庸"的范畴。从尧舜孔孟这样的圣人，到贩夫走卒这样最普通的民众，只要能守好自己的本分，做好与自己身份相符合的事情，就是"庸之用"的范畴。伯夷、叔齐这种惊世骇俗、异于常人的人，显然不属于"庸"的范畴。譬如水和五谷杂粮都是日常之物，与珍馐美味相比，都是再平常不过的东西；但如果离开这些平常之物，人就必死无疑。"庸"最平常，却也最重要。"中庸之为德"就是普通人在社会生活中的日常公序良俗之理，即不偏不倚、无过无不及的平常之理。

　　"中"和"庸"是一回事，不能割裂为二。"庸"是"中"的彰显；"中"是"庸"背后的尽己常理。"中"是从内在的不偏不倚来说的；"庸"是从外在的妥当常行来说的。内里能"中"，彰显于外则必然能"庸"；外面能做到常"庸"，内里必然能常"中"。按照《尚书》的记载，圣王治世的时代，无论是尧让位给舜，还是舜让位给禹，说的都是如何把事情做得合乎常道且能恒久长远，这就是"中庸"。

　　举个例子，盛夏酷热的时候，要想办法解暑，无论是开空调、扇扇子，还是吃冷饮等，都是合"中"的表现；隆冬严寒的时候，要想办法保暖，无论是用火炉、穿防寒服，还是喝热水等，都是合"中"的表现。相反，如果盛夏去烤火，隆冬去扇扇子，就是失"中"了。

　　"至"是"极致"，"其至矣乎"指"中庸之为德"是百姓日用之德，是人所同得的道理，本身至广至大，至平至易，是普罗大众人人可及的，而不是高不可攀、难以到达的。"鲜"是"寡、少"的意思，"民鲜久矣"即世道乱了，先王之道衰微，以前的公序良俗保存下来的很少，大众已经很少按照民德行事了，孔子这么说是在感叹世道之衰。

　　不能面向事物，从数量上去求所谓的"中"，而应该反求诸己，向内在心性上去实修实证。

　　仅从数量上去求"中"，无论是先确立一个"中"的标准来判断"过"与"不及"，还是先确定"过"与"不及"两端后再去寻求一个"中"，均是在后天思维中去考量计较，这样一来"中庸之道"就成了一种外在的方法与原则，这就完全偏离了圣人本意。

目　录

【第一章】

【原文】

天命之谓性，率性之谓道，修道之谓教。

【老刘说】

《中庸》首章讲的是道之本原，即"中庸之德，必修道而行""欲明中庸，先本于道"。

"天命之谓性"的"天"，在此处指"道之本原"；从天的角度来说，"道"是上天为天地万物立的法则和秩序，人偏离"道"必然会受到上天的惩罚。惩罚体现在形、神两方面，"天刑其身"就是对有形之体的各种损害；"天刑其神"就是对无形之神的各种损害。

"命"通"令"，在此处做动词，有"赋予，给予"的意思。"天命之谓性"即"性自命出，命自天降"。人刚刚来到世间，没有任何外部的侵染，此时与生俱来的本然属性，就是"天命"的"性"。万物各得其所称为"德"，"德"是与生俱来的"天命之谓性"，修德只是复其本性而已，积德能养正，养正则得长久；偏离道，即失德，失德则病，病久则亡。

对于"性"，《说文解字》说："性，人之阳气性善者也。"《广雅》云："性，质也。"《荀子·正名》："生之所以然者谓之性。"因为所有人都归属于人类，每个人的心都是上天赋予的，必然"人同此心，心同此理"。（这句话的理解，可以参照《传习录》第 134 章中"心之体，性也。性之原，天也"。）

《论语·阳货》第二章中有言："性相近也，习相远也。"人合天地之气而生，其自然之性是一样的。虽然所禀赋之气有清浊的差异，质地有纯粹斑驳的不同，但就"生之初"而言，都是同一天地之精，五行之秀。虽然有清浊纯驳的微小区别，但总体来说大同小异。所以说，人在生之初，性是非常相近的。出生以后，随着形神生发，由于外部环境、情欲牵引等因素，气质会逐渐发生变化。习于善的，便为圣为贤；习于恶的，便为愚为不肖。就像高山滚雪球，初始时候都是差不多的，但因为方向、角度的微小差异，到山脚下就相差很远了。也就是说，一个人最终表现出来的善恶，是基于所习而不是基于本性如此。

"天命之谓性"可以参照《论语》中的两句话来理解。

一是《论语·为政》第四章中，孔子说："三十而立，四十而不惑，五十而知天命。"天命是上天赋予的，五十岁就能看清楚天命的始终，真正理解"天命之谓性"的"性"究竟是什么。所以知天命是在"立"和"不惑"的基础上更进一步。"四十而不惑"的侧重点是在具体事情上，应对人情事变无所疑惑，处理问题能游刃有余；"五十而知天命"的侧重点是在天理上，是穷理尽性，知晓天理究竟是什么——在自然界是天道流行，赋予万物；在人则是所受之性。所谓仁义礼智信，只是人本来如此之天性的自然彰显。"四十而不惑"是知其然，"五十而知天命"是知其所以然。四十见得精详无疑，五十则能知天命所在。"知天命"即洞悉"性、命"的源头与来处。天命之终极只是个大道之行，人道的一端无非是个反求诸己。

二是《论语·公冶长》第十二章中，子贡所说："夫子之文章，可得而闻也；夫子之言性与天道，不可得而闻也。""文章"即圣人之德见于外者，指孔子彰显出来的、能让人摸得着看得见的一切。德是摸不着看不见的，德需要通过载体才能作用于世，也就是摸不着看不见的德必须依托行止语默和具体事物等，才能呈现出来。

天是人本性的来源，世间万物遵守特定的秩序才能各安其位，生生不息。因而人类也应该有自己该遵守的秩序和规则，且上天已经把对应的秩序和规则放在人的心里了。孔子平日的行止语默等，都是圣人之德通过载体彰显出来的部分，是能看得见摸得着的，凡是跟随孔子学习的人，对这些都可闻见。而孔子的本德，也就是上天赋予之性，是摸不着看不见的，是没有办法通过闻见学习的。

语言、文字、肢体动作等，作为信息的载体而言，承载能力是非常有限的，没有办法把形而上的天道描述清楚，就像用一块小布去盖大坑，无论怎么盖都是盖不全的。那么圣人说的"性"和"天道"就无法企及吗？显然不是，为学者通过下学功夫也可以进入上达境界。而这句便是子贡晚年进德有成，始闻"性"与"天道"，感叹如此。

"率性之谓道"的"率"，此处当"循"字讲，有"依照、沿袭"的意思，譬如成语"循规蹈矩"。"率性之谓道"即依循性之所感而行，不违背不偏离，就是大道所在。从人的角度来说，感仁行仁，感义行义，不失其常，合于天理，使其通达，就是"率性之谓道"。

这个地方要注意，"率性"不仅仅特指人，万物皆是如此。譬如循人之性则为人之道，循马之性则为马之道，循牛之性则为牛之道；如果不能循其性，就是失其性，离其道。所以，"率性"不是由着性子胡来，而是循其理之自然。

> "道"在儒家经典中有"修道"与"弘道"两种含义，譬如《论语·子罕》中的"可与适道，未可与立"，《中庸》中的"修身以道"，都是指修道功夫；《论语·卫灵公》中的"人能弘道，非道弘人"，《中庸》中的"修身则道立"，都是指弘道事业。
>
> 君子进德修业应先"修道"以成就自身德性，成德之后再去"弘道"以济世利他。

"修"是治之以道，即《周易》中说的"裁成辅相"，也就是要懂得量体裁衣、取我所用，而不是囫囵吞枣、照单全收。譬如穿衣服这件事情，人不能披块布就上街，而是要把布裁剪成合体的衣服才能穿出去，这是最基本的常识。

此处"修"字不能理解成"修饰、修剪、使……更完美"。"道"是自然之理，"修道"是教人行于大道之上，即在大道范畴之内，按照自己的特质而行；大道如果是一块布，就按照自己的特质从这块布上裁剪、缝制出一件合体的衣服，显然这件衣服一定来源于这块布的范畴。从治世的角度来说，"修道之谓教"指人君（圣人）在上修行大道，以此教化天下，让天下之人事物皆能各得其所，合道循理而行。

"率性之谓道"的范畴包括人和万物，"修道之谓教"的对象兼指人事物。譬如先秦时代设有水官，《周礼》记载："川衡掌巡川泽之禁令，而平其守""泽虞掌国泽之政令，为之厉禁"。"川衡"就是管理河流的官员，"泽虞"是管理湖泊的官员。水官有"以时舍其守，犯禁者，执而诛罚之"的权力，由此可见，水官治理水泽万物的依据是法天地之自然，让万物各得其所，各行其道，即《中庸》说的"万物并育而不相害，道并行而不相悖"。

人和万物都有"性"，人能生于天地之间，是上天赋予其性，就像上天制定了一个属性标准，并命令每个人出生都必须符合这个属性标准，这就是"天命之谓性"。天地之间的万事万物都有其自然之序，人和万物都遵循自己的道路，这样天地才能恒长久远。就世间伦理而言，父子之亲是基于遵循内心的仁爱，君臣之分是基于遵循合宜妥当的义理，人与人之间的礼是基于遵循恭敬辞让的节限，明辨是非的智是基于对正邪之辨的运用；合乎天理大道的一切，都是依顺于自性中的本来如此，这就是"率性之谓道"。

"性相近也，习相远也"，是人不能尽率其性的缘故，圣人治世以其当行之道予以教化引导，以政刑辅助，让天下万民皆能复归其本性，并遵循大道而行，这就是"修道之谓教"。

> "率性"和"修道"之间的层次是不同的。"率性"是"求则得之"，求的是自己的本心本性；"修道"是"求之有道"，求的是圣人的引领教化。
>
> "率性之谓道"是指圣人能尽性知命知天，已经到达完全复归本性的境界，故此"率性"即是合道；圣人以下的人，还不能尽性知命知天，需要根据圣人的教化修身养性，以求到达圣人境界。

【原文】

道也者，不可须臾离也，可离非道也。

【老刘说】

"须臾"指极短的时间；片刻。大道源于上天、率于天命之性，可见道和身心是合而为一的，必须始终紧密结合为一体。一旦有所分离，哪怕是片刻，心就会失正，身就会失修（即行为不能合义）。由此可见，可离的是身外的物，不是心上的道，即便瞬息之间的离道，亦是邪妄。

此处说的"可离"与"不可离"、"道"与"非道"是对照着说的，心离开了仁，所行必然不能合于仁；心离开了义理，行为必然不能合于道义，其他公私善利皆是如此。

现在很多人解读此句时都离开了"心即理"的角度，而只谈客观之"道"，认为"道"无时不在、无处不在。"道"对于人与物来说是不可或缺的，故不可须臾离开，否则就不是道了。泛泛地论"道"，既把"道"实体（器）化，也把"道"给虚化了。

结合前文"率性之谓道"，从"心即理"的角度理解这句，则"道"为"性之德也，合外内之道也"（《中庸》第二十五章），内外通透，浑然一体。"道"从自性（本体）生出，又不离自性（本体），即"道"乃德之"行"，所以不能离"性"言"道"。

"可离非道也"即"可离自性，则非道也"，"离"的对象是自性（本体），

"不离"即不外于自性，离开"心即理"的角度，"道"就在自性之外了，这句就没办法与《中庸》第十四章的"不愿乎其外"对应了。

《传习录》中，阳明先生说："若解向里寻求，见得自己心体，即无时无处不是此道，亘古亘今，无终无始，更有甚同异。心即道，道即天，知心则知道、知天"先合于心体，内外通透，然后才有"无时无处不是此道"；"向里寻求，见得自己心体"即是"由教入道"，对应《中庸》的"诚者自成也，而道自道也"；"心即道，道即天"即是"天命之谓性，率性之谓道"。

"道也者，不可须臾离也，可离非道也"是承接"率性"，而不是承接"修道"。说"道也者，不可须臾离也"，是从反面对"率性之谓道"再次进行阐明。唯有率性，"道"在内而不在外，或者说内外浑然一体，才能说"道也者，不可须臾离也"。这样理解才能与《中庸》第二十章的"诚者，天之道也"前后对应。

> 《中庸》所说的，都是日用常行的根本道理，譬如为人君止于仁，为人臣止于敬，为人子止于孝，为人父止于慈，与国人交止于信等，这些都是人伦中最基本的原则。
>
> 凡是摸得着、看得见的事物，都不能称为"道"，"道"是事物背后的理，是摸不着、看不见的。形而上为道，形而下为器，器是道的载体，日月星辰、山川草木等，皆是形而下之器，不能把"器"和"道"混为一谈。

【原文】

是故君子戒慎乎其所不睹，恐惧乎其所不闻。

【老刘说】

"是故"承接前文，引领下文，相当于"所以，故此"；"其"作为"不睹""不闻"的主语，指君子自身，而不是他人。

"戒慎"指警惕而审慎；"恐惧"出自《周易》震卦："洊雷，震。君子以恐惧修省。"本义指君子恒存敬畏之心，面对天雷之威省察己过。"戒慎恐惧"不是遇到事情紧张恐惧，而是主动收摄心神进入内敛状态，以至于"莫见乎隐，莫显乎微"。结合后文"君子慎其独也"理解，"戒慎""恐惧"落在"慎"字上，"不睹""不闻"落在"独"字上。

"戒慎不睹，恐惧不闻"就是"道"不可须臾离之处。"不睹""不闻"不是闭上眼睛、堵住耳朵刻意不看不听，而是指自己有个"戒慎恐惧"之心常在，只有如此才能防患于未然。

"君子戒慎乎其所不睹，恐惧乎其所不闻"对应《大学》中的"小人闲居为不善，无所不至，见君子而后厌然，掩其不善，而著其善"。小人"闲居"与君子"慎独"相对应，"闲居"并非指一个人独处，而是指放溺其心。心是身的主宰，心一旦放纵不收束，必然会沉溺于"身所欲"而被私欲牵引，表现出来的行为必然不能合于天理道义。"不善"即不能合于道、循于理，小人过于放溺自心，凡是不善之事都可能会做出来。但小人知晓自己是不对的，心是虚的，于是就会想尽办法来掩盖自己的不善和恶行，目的是让别人觉得自己是个好人，做的都是好事。小人放溺自心，先自欺然后欺人，在"闲居"时是一个样子，在有人监督时是另一个样子。君子则能"慎独"，做到表里如一。《大学》这句是以小人的"自欺"与君子的"不自欺"来对比。

《中庸》的"不睹""不闻"对应《大学》的"视而不见，听而不闻"，"戒慎恐惧"落在"不睹""不闻"上，君子"戒慎恐惧"的目的是复其本体，"不睹""不闻"即是性体，戒慎恐惧则是复其本性的心性功夫，即"由教（修道）入道（率性）"。

> 对本句的理解，可以参照《传习录》中的两处。一是"盖不睹不闻是良知本体，戒慎恐惧是致良知的工夫"；二是"人能修道，然后能不违于道，以复其性之本体，则亦是圣人率性之道矣。下面'戒慎恐惧'便是修道的工夫，'中和'便是复其性之本体"。

【原文】

莫见乎隐，莫显乎微，故君子慎其独也。

【老刘说】

"莫"是"无、没有"；"隐"指只有自己知晓的隐暗之处；"微"指只有自己知晓的细微之事。"独"不是指自身的独居独处，而是指自心的独知独觉，只有从心性的高度领会"慎独"的"独"，《中庸》首章的义理脉络才能前后贯通。

摆在明面上的事情或者特别明显的事情，别人是能看得见的，一般人在别人能看见时，都会尽量做好；而在别人不知晓，只有自己知晓的隐暗之处，以及别人察觉不到的细微之事上，君子和小人的区别才会显现出来。在人不知而己独知的情况下，小人会放溺其心肆尽其情；君子则会时刻警惕别人未听闻、难觉察之处，别人没看到的"是"，自己先看到；别人没见到的"非"，自己先知晓。这是因为，越是在隐暗处，自心的私欲越是看得清楚，就像灰尘在纯黑的背景下更容易显现一样，这就是"莫见乎隐"；越是在细微处，心性功夫的差距越显著，就像机械加工的精度，加工精度能达到一微米的工人明显比加工精度只能到达十微米的工人技能水平高很多，这就是"莫显乎微"。"人不知己独知"的隐微之处，是区分善恶最为关键的地方。体道君子在"未发"之前要戒慎恐惧，而在这个独知独觉的地方，要更加谨慎，唯恐稍有不察便会在隐微之中偏离大道，这就是"君子慎其独也"。

中庸功夫只是"戒慎恐惧"与"慎独"，而其根本处就是"天命之谓性，率性之谓道，修道之谓教"。

> **"戒慎恐惧"和"慎独"的关系**
>
> "戒慎恐惧"如同开车从一个地方到另一个地方，大方向是不变的；"慎独"如同开车时路况不好，需要加倍谨慎，避免发生危险。"戒慎恐惧"是防患于未然，是从整体来说，是持守本性而不失；"慎独"是察患于将然，是从善恶几微处来说，是在念头萌动处精察。

【原文】

喜怒哀乐之未发，谓之中；发而皆中节，谓之和。

【老刘说】

"中节"指合乎当然的节限，即喜怒哀乐发出来的程度是妥当合宜的，该喜三分的时候不会表现出四分，该怒到八分的时候不会怒到九分。"喜怒哀乐之未发，谓之中"是说，喜怒哀乐等都是缘事而生，无事的时候，心能淡然虚静，无所思虑合于常理，这就是"中"；"发而皆中节，谓之和"是说，有事的时候就有善恶分别，善恶意动则有喜怒哀乐等七情随之发动，发出来的七情能妥当合宜，能做到性与行和谐，这就是"和"。

心无所感，思虑未萌，属于"未发"的范畴；心有所感，思虑发动，属于"已发"的范畴。譬如在一间房子里，房子有东南西北（喜怒哀乐）四个方向的门。没事的时候，安静地待在房子里，随时准备出门，这就是"未发"；有事的时候，就要通过门走出房子，这是"已发"。能做到应该走东门的时候就走东门，不会走其他门，且走的方式与事情相符，即各因其事而合于自然之理，这就是"和"。

"中"是思虑未萌，无纤毫私欲攀附遮蔽，心无所偏倚，也就是所谓的"寂然不动"，此时正是万理备具、念头未动的"未发"；念头一动、有所思虑就是"已发"了。"性情"中的"性"对应"未发"，"情"对应"已发"，"喜怒哀乐之未发"不能"中"，是因为私欲遮蔽攀附心体，造成主弱客强，私欲反客为主。

从儒家心性功夫的角度来说，"存养省察"是通贯乎"已发"和"未发"的，不能割裂为两截。"未发"时要存养，"已发"时亦要存养；"未发"时要省察，"已发"时亦要省察，存养省察是时刻不断的功夫。从本质上来说，省察是有事时存养，存养是无事时省察。说"已发"后就不必省察了，等于是引弓待发时睁着双眼，射箭时闭着双眼，这显然是没道理的。

"未发之中"泛指众人，并非仅指圣人。唯有达到圣人的境界才能时刻做到"已发之和"。譬如射箭，圣人是神箭手的水平，每一箭都能射中目标；其他人水平高低不同，有十中八九的，也有十中一二的，也有完全凭运气能偶然射中目标的。

【原文】

中也者，天下之大本也；和也者，天下之达道也。

【老刘说】

"本"是根本；"达"是"通达、通行"；"道"是"路径、途径"。

一般人待人接物的时候，往往是这样：顺着自己的意思就欢喜，逆着自己的意思就恼怒；失去自己想要的东西就悲哀，得到自己想要的东西就快乐。这是人之常情。与事情没有接触的时候，心无私欲攀附，七情不动，喜怒哀乐都无所偏倚，这是"中"的范畴；待人接物的时候，七情发动，当喜则喜、当怒则怒、当哀则哀、当乐则乐，喜怒哀乐都能合乎理之当然的节限和尺度，没有过和不及，这是"和"的范畴。"中"是与生俱来的"天命之性"，万理皆备具其间。人类社会由众多个体组成，每个个体都由各自的心主宰，其心的运作都基于"天命之性"的"中"。所以，世间万般变化，都是以"中"为根本之处，就像树木的根一样，枝叶花果都是从这个根本之处长出来的，所以说"中"是"天下之大本"。

"和"是"率性之道"，天下人虽然各有不同，但待人接物都应当合道循理，"和"就是基于个体特质，合于大道、循于天理的具体体现形式。无论古今圣愚，用世要想通达顺畅，都必须通过"和"这个途径来实现；治世要想礼乐刑政四达而不悖，也必须通过"和"这个途径来实现。所以说，"和"是"天下之达道"。

从体用一源的角度来说，"中"是道之体，"和"是道之用。道的体用不外于心，如果无事宁静的时候不知存养本心，就会失"中"而大本不立；如果待人接物的时候不知省察克治，就会失"和"而用世无法通达顺畅。所以前文说"道也者，不可须臾离也"。

【原文】

致中和，天地位焉，万物育焉。

【老刘说】

"致中和，天地位焉，万物育焉"与开篇首句"天命之谓性"呼应，是说体道的功效，即把"中和之道"推到极致所能呈现的预期结果或者成效。

此处"天地""万物"指"吾身之天地万物"，"天地"即吾身之天地，指以自己为中心的伦理系统。所有与自己有关的五伦关系，都有远近、尊卑、上下的区别，自己固定下来，其他伦理关系就有了明确、稳定的参照物，都能找准位置了。"万物"即吾身之万物，指自己在吾身之天地，应对人情事变的各种待人接物的方式等。

"致"在儒家典籍中，都是"推到极致"的意思，譬如冬天人围着炉子烤火，太近了会热，太远了会冷，坐在不远不近的妥当位置上，就是"致"；又譬如射箭，并不是射中靶子就算是中，必须射中靶心才算是中，所以"致"也有精确的含义。"位"指"安其所"，即得其正位；"育"指萌生养育，此处指"吾身之天地万物"的健康生发和成长。

"致中和"是兼表里内外而言，"致中"既要无丝毫偏倚，也要做到守之不失，"存心""养性""收其放心""操则存"都属于"致中"的范畴；"致和"既要无丝毫差缪，也要皆能妥当合宜。

从个人修身正心角度来说，能致自身"中和"，就是"修己安己"；能致一家"中和"，就是"修己安家人"；能致天下"中和"，就是"修己安天下"。这就是"一日克己复礼，天下归仁焉"的道理所在。

"致中和，位天地，育万物"与"喜怒哀乐"的关系：

一个人的喜怒哀乐必然会影响到自己的五伦关系，如果七情发动不能合理妥当，必然就会损害健康良好的伦理关系。譬如治世人君七情发动不能合乎公道公心，因自己的喜而赏赐不该赏赐之人，因自己的怒而责罚不该责罚之人，必然会导致臣下心中不服，进而破坏整个组织伦理基础，最终带来"天地失位，万物不育"的严重后果。其他伦理关系中，父子、夫妇、兄弟、朋友等，无不如此。由此可见，上下不能正其位，万物就会失其理。七情发动的"中节"，必然会影响整个伦理生态系统的健康。

"未发"时的心是活泼泼的，看似寂然不动，实则感而遂通。如同引弓待发，时刻等待目标出现，目标一出现便能一箭命中；如果心如槁木死灰，看似寂然不动，实则麻木无感，如同持弓睡觉，目标招摇而过亦毫无反应，这是内外分割为两截，自然也就谈不上什么"致中和"了。

【第二章】

【原文】

仲尼曰:"君子中庸,小人反中庸。君子之中庸也,君子而时中;小人之中庸也,小人而无忌惮也。"

【老刘说】

这一章是子思引用孔子说过的话,为了说明"贤者过之,不肖者不及也",真正的中庸之道,很少有人能做到。

"仲尼"指孔子,孔子名丘,字仲尼。"君子中庸"指君子以"中"为常,所行合于常理;"反"是违背,"小人反中庸"指小人不能以"中"为常,所行非中庸,却以为自己所行符合中庸之道。

"中庸"是无过无不及的常理,虽然所有人都具备,但唯有君子能体会此常理常道并身体力行,应用于日常之中。小人做不到以"中"为常,所以日常行为和中庸的道理是相违背的,这就是"君子中庸,小人反中庸"。

"时中"即"时措之宜也"。《论语·里仁》中,孔子说:"君子之于天下也,无适也,无莫也,义之与比。"这说的就是"时中"。"适"指对某件事情一定要怎样做;"莫"指对某件事情一定不要怎样做。比如面对一件具体的事情,心里先有个一定要做的想法,这就是"适",这样很容易犯轻率妄为的错误;对于这件事情,心里先有个一定不做的想法,这就是"莫",这样就很容易犯迟滞不通的错误。君子为人处世应该理明而悉,不先入为主,具体情况具体分析，合宜的就做，不合宜的就停，不轻易下结论，做不做、怎么做，以是否合宜为原则。

这个地方注意，"时中"应结合《周易》恒卦的"恒"字去领会，《中庸》第二十六章云："至诚无息，不息则久"，"时中"即"至诚无息"，能"恒"才能"时中"。如果把"时中"仅仅理解为"时时合乎中道"，就会丢失"时中"恒常持久的含义。

"恒"是在"亘"字左侧加一"竖心旁"，"亘（gèn）"是会意字，上下各一横代表天地，中间"日"字，表示像日在天地之间一样，日升日落、昼夜交替，长久不变。"亘"是"恒"的本字，"恒"字表示心如一日，久而不变。"恒"指大方向和基本原则不变，即常道不变；但在具体操作和应对层面是与时俱进的。不要把"恒"等同于僵化不变，那就完全理解偏了。譬如天地之道是恒久不变的，落实到每天就是昼夜交替，落实到每年就是寒来暑往、四季轮回；人的健康养生的目标是长久不变的，但在不同的季节和一日里的不同时段，具体的行为是不一样的。

从体用一源的角度来说，"体"是长久不变的，"用"是随时应变的；"用"的变易，是"体"能恒久不变的保证。从用世的角度来说，能持守常道才能持经达变，持经的目的是"恒"，达变的目的只是让"恒"始终不变。《孟子·万章》中说："孔子，圣之时者也"，"时"指的就是"时中"。圣人行事今日"时中"便从，明日不"时中"则去。譬如孟子辞齐王之金而受薛、宋之馈赠一样，都是随时而变的，只是持守常道长久而已。

> 有君子之德，如果不能"时中"，就会有"贤、知之过"（即《中庸》的"知者过之"和"贤者过之"）。

"忌惮"即心有敬畏，小人心有敬畏则为恶比较轻，心无敬畏则为恶必重。

既然所有人都具备中庸的能力，为什么君子能中庸，而小人不能中庸呢?

这是因为君子心有敬畏，时刻戒慎恐惧，既有君子之德，又能在待人接物之际做到"时中"，所以能中庸；而小人心无敬畏，亦不做修身正心的功夫，在待人接物之际无所忌惮，肆意妄为，所以小人不能中庸。

"中"和"正"是有区别的，"正"侧重善恶分别，"中"侧重妥当合宜；"正"即符合道德，强调正义性，"中"即恰到好处，强调妥当性。

"中和"是从性情角度说的，"中庸"是从礼义角度说的，二者本质上是一回事。从体用角度来说，"中和"的体用关系是"中"为体，"和"为用，即未发为体，已发为用；"中和"与"中庸"的体用关系是"中和"为体，"中庸"为用。

【第三章】

【原文】

子曰："中庸其至矣乎！民鲜能久矣！"

【老刘说】

"鲜"是"罕见"的意思。中庸的道理是日用常行之道，是将天理人情推至极致处，是尽善尽美到无以复加的程度。虽然这个道理人人都懂，但因为私欲遮蔽，心体无法廓然大公，人的所知所行往往是过或者不及的，很少有人能以此道长久而行。

这个地方注意，不能简单地把中庸之道理解为为人处世的方法和原则等，那样就是偏离"率性之谓道"的"性"而"性"外言"道"了。要清楚，中庸首先是性之德，唯仁者能执"中"行"权"，居仁而由义，进而行中庸之道。

本章的理解，可以结合《论语·雍也》的"中庸之为德也，其至矣乎！民鲜久矣。"

【第四章】

【原文】

子曰："道之不行也，我知之矣：知者过之，愚者不及也。道之不明也，我知之矣：贤者过之，不肖者不及也。"

【老刘说】

"我知之矣"即我知晓其中的缘故；"知者过之"的"知者"即"智者"，指心智水平比较高的人，这类人认知水平高，对事情一看就懂。

《中庸》第十二章中说："夫妇之愚，可以与知焉""夫妇之不肖，可以能行焉"。由此可见，对于中庸之道，普通人也可以"知"和"行"。

《论语·子罕》中，孔子说："有鄙夫问于我，空空如也；我叩其两端而竭焉。""鄙夫"即普通人，鄙夫虚心求教必然是心中有所疑，有所疑就不完全是空的，只是对自己的疑问无知。"叩"是敲击之后等待回应，比如叩门是让门内人听到声音来开门，叩钟是敲击钟让它发声。孔子叩问此鄙夫，是让这个人心有回应，启发鄙夫主动思考和发现答案，而不是填鸭式地灌输答案给他，完全不管他能消化吸收多少。

"两端"就是两头（两侧边界）。凡事必有两端，就一件具体的事情来说，其中有浅近道理，也有深远道理。执中而行的前提是知道两侧的边界在什么地方。就像在路上开车一样，知道这条路路肩的具体位置，才不会把车开到路下面去。孔子就问者的疑问从两头入手，也就是从问者自己能达到的边界处入手。

解惑需要弄清两个情况，一个是疑惑的内容和载体究竟是什么？另一个是有疑惑的人究竟被卡在什么地方了？前者需要了解具体事情，这就需要问者自述，解惑者只需要会问会听就行了；后者重点考验解惑者因材施教的水平，要了解这个人的障碍是什么，并引导他探索和思考，最后得出正确的答案。"两端"即问者认知所能达到的极限，在这个范畴内予以启发，更容易让问者深入思考并有所突破，甚至一下子完全贯通。"竭"是穷尽，在两端穷尽叩问，使问者对自己所疑之事有所开悟。

由此可见，只要鄙夫愿意虚心求教，真正按照圣人的引导和教诲前行，是可以"知"和"行"的。鄙夫尚且能做到，智者又怎么可能做不到呢？

但实际上，中庸之道并没有真正通行于世上，很多人都不能真正搞明白什么是中庸之道，这是为什么呢？

孔子说："中庸的道理就像大路一样，天下人出行都应该沿着这条大路出行。现在中庸之道不能行于天下，大众很少按照中庸之道行事，其中的缘故我是知晓的。人的天资禀赋不同，在智者眼中，中庸之道的表现形式过于平实普通，难免心有轻视，不愿意用中庸的方式应对世事。愚者刚好相反，即便知晓自己的浅陋和不足之处，却因为不肯切实做戒慎恐惧的修身正心功夫，水平始终无法真正达到中庸之道的高度，即便想按照中庸之道行事，也心有余而力不足。中庸之道如同太阳挂在中天，本来应该显明于天下，现在之所以不能显明于天下，其中的缘由我也是知晓的。在贤能的人眼中，既然自己应对世事有更好的方式方法，为什么还要用普通人的方式方法呢？有这个想法在，自然也不会对普通人就能做到的方式方法有深入体会，对中庸之道自然不能'知'。愚昧、笨拙、不成才的人安于现状，限于自己的天资禀赋，无法真正理解中庸之道，因此对中庸之道亦是不能'知'。"

下面来举个例子。高速公路限速 80 千米/小时～120 千米/小时，行"中庸之道"相当于在这个限速范围内好好开车。智者相当于驾驶技术优秀的司机，这种人觉得自己开车水平很高，就算车速 200 千米/小时也能做到气定神闲，而 100 千米/小时的车速在他的眼里差不多等于龟速，心里是瞧不上的；这种人在有监控的地方一般不会超速，而一旦没有监控，开到 180 千米/小时也毫不奇怪，所以不能指望这类司机在没有监控的情况下老老实实遵守限速规定，这就是"知者过之"。愚者相当于车感比较差、驾驶技术不好的司机，上了高速公路车速达到最低标准就已经战战兢兢，更别说飙车了；这种人心里没有努力提高自己驾驶技术的想法，驾驶水平始终不够，对于这类人来说，上高速公路简直就是受罪，开车出门宁可走普通公路多开几小时，也不上高速，这就是"愚者不及"。

同样是开车，车技好的人往往喜欢按照自己擅长的方式开车，越是驾驶技术好的司机越喜欢琢磨如何发挥自己的优势，以便更好地达到自己开车的目的；除非这个人是汽车研发工程师或者驾校教练，否则不会刻意研究适合普通人的驾驶方式，他们显然是不太可能真正搞明白作为普通人该怎么驾车才是最妥当的，这就是"贤者过之"。相对来说，天资愚笨、不成才的司机，车感本来就不好，倒车入库都必须有人站在车外指挥，如果再没有提高自己驾驶技术的动力，又怎么可能搞明白普通人应该怎么驾车呢？这就是"不肖者不及"。

从效验的角度来说，以中庸之道用世是最妥当合宜的。譬如，大舜是有大智的人，持守"知之不过"，用世之行始终持守中庸之道，最终成就圣王之实；颜回是有大贤的人，持守"行之不过"，对中庸之道真正能"知"，最终成就复圣之名。

打个比方，国家制定交通规则和高速公路管理规则的目的，是在保证安全和秩序的前提下，最大限度发挥高速交通系统的效能。高速公路针对的主要对象是普通性能车辆和普通水平司机，而不是最高和最低两个极端。在高速公路上开车，遵守交通规则是最安全妥当的，自恃车技好或者车性能好，总是超速的人，从整个高速公路系统来说，必然会影响整个系统的稳定运行，早晚会被处罚；从个体的角度来说，总是这么干，发生事故是早晚的事情。对应中庸之道，即自恃技高不能行于中道者，最终难免遭天道反噬。如果自己车技不行又不肯努力提高驾驶能力，自然就没办法享受高速公路系统提供的各种便利。对应中庸之道，即不求上进而不能合于中道，难免举步维艰而无法通达。

【原文】

"人莫不饮食也，鲜能知味也。"

【老刘说】

"饮食"非常容易，"知味"则很有难度。智者、愚者、贤者、不肖者，因为天资禀赋不同而有过和不及的问题，究其原因都是有不察之过。基于"率性之谓道"，人生于世间，应对事事物物时都有个当然之理在其中，这就是"中"。很多人应对事情只是跟着感觉，或者干脆从众，人云亦云，并不会认真追索背后的所以然；背后的所以然不知，就不能真正知晓中庸的道理，应对事情难免会陷于过和不及。这就像人饮食一样，人每天都要饮食，没有比饮食更司空见惯的事情了，但又有多少人能真正品尝出饭菜的味道呢？

看到别人待人接物时能做到妥当合宜，分析其中的言语和行为等，似乎也没什么自己不会说或者不会做的，但在具体的境遇中，究竟该怎么应对才能尽善尽美，这才是真正的难点。如果只知其然而不知其所以然，难免会邯郸学步。

网上有个小段子，一家非常大的汽车公司的一台精密仪器发生了故障，公司的技术人员绞尽脑汁也无法解决，最后没办法请了一位能人来。这位能人看了该仪器之后，用粉笔在电机某处画了一个圈，说："把画圈处的线圈减去 16 圈。"技工照做之后一切恢复正常。能人索要酬金 10000 元，理由是"画一个圈只值 1 元，但知道在哪个地方画这个圈，价值 9999 元"。

在《论语》和《孔子世家》中，孔子做事似乎都很平常和普通，但都可以做到恰到好处；言语也同样没有什么特别的，但都能说得圆满无弊端。一般人用世，即便是贤德之人，也难免"刚则必取祸，柔则必取辱"，比如子路不得善终，冉求助纣为虐等，而孔子却做到了刚不至于取祸，柔不至于取辱，原因就在于孔子以中庸之道用世。通过简易平常的事情洞悉背后的道理，是非常不容易的。这就像每个人每天都要吃饭，却很少有人真正知晓饭菜味道一样。

"人莫不饮食也，鲜能知味也"，只是为了说明道理而打比方，即人表现出来的视听言动、行止语默等，只是心作为身体主宰的对外显现，如果只关注具体的行为和语言，而忽视背后作为主宰的心，就会失去根本。要想待人接物都能妥当合宜、恰到好处，就必须在心性上下功夫，这才是根本。如果真把心思放在品尝饭菜的味道上，然后研究烹调方法等，就是"逐物"，算不上复归本体的"主一"功夫了。

【第五章】

【原文】

子曰:"道其不行矣夫。"

【老刘说】

本章承接上章,引出下章。孔子慨叹中庸之道不能大行于世,于是说:"道其不行矣夫。"意思是:"唉,中庸之道不能大行于天下呀。"

本章的理解,可以参照《论语·子罕》第八章:

子曰:"凤鸟不至,河不出图,吾已矣夫!"

《礼记·礼器》云:"升中于天而凤凰降。"《孝经援神契》云:"德至鸟兽则麒麟臻,凤凰翔。"凤鸟、河图都是圣王临盛世的祥瑞。昔日虞舜时有凤凰飞来舞于庭中,周文王时有凤凰鸣于岐山,伏羲时河中有龙马负图而出,伏羲以此成八卦。圣王在上,和气充溢于天地之间,祥瑞应时出现。

"矣夫"是绝望之词。春秋乱世没有圣王治世,孔子之道不行。于是孔子感叹说:"我听说圣王临世,就会有凤鸟感德而至,河图应期而出,现在时无圣王,乱世看不到尽头,虽然自己努力想让大道行于天下,奈何生不逢时,在有生之年估计是看不到了。"

【第六章】

【原文】

子曰："舜其大知也与！舜好问而好察迩言，隐恶而扬善，执其两端，用其中于民，其斯以为舜乎！"

【老刘说】

本章以舜帝为例，说明中庸之道是能"知"、能"行"的。

圣人治理天下的大知，绝不是能听取不同意见、广泛收集民意这么简单。对于天下民众的声音，"合而听之则圣，散而听之则愚"（语出《二程遗书》），圣人治天下的关键在于如何做到"合而听之"。从这个角度来说，舜帝的大知不仅是见闻之知，更是德性之知。舜帝的大知，是仁者以天地万物为一体，以百姓之心为心的体现，是民胞物与的境界。参考《大学》首章来理解本章，舜帝居天道治人道，既能包于大道（明明德），亦能通过问听，真正知晓天下民情民意（亲民），合内外之道明明德于天下，这正是圣人"止于至善"在治世中的具体彰显。所以孔子称赞舜帝有"大知"。

"察"指仔细审察；"迩（ěr）言"指浅近之言，常人之语；"舜好问而好察迩言"指舜帝不会先入为主地想当然，而是通过常人浅近之言，审察深究背后隐藏的真相。这句话有两层意思：一是指舜帝仁爱天下、平易近人，不脱离广大人民群众，有"如保赤子"之心；二是指舜帝见微知著，以小见大，不自恃高明而自以为是，更不会有意必固我的毛病。本句可以参考《孟子·公孙丑上》

23

的"大舜有大焉，善与人同，舍己从人，乐取于人以为善"，进行对照理解。

"隐"是隐匿，"扬"是传播，广而告之。"隐恶而扬善"指舜帝访谈于人时，对所言不当理的，只是对其言论不予采纳，而不会四处宣扬这件事，即为说话的人保密，避免挫伤其积极性；对所言当理的，不但会采纳其言，还会赞扬，让大家都知晓，既表明自己察纳雅言的态度，也能营造良好的社会风气。

从待人接物的角度来说，"隐恶而扬善"是对善者的认可和嘉许，对不善者的包容和爱护。这样，善者就会越来越积极主动地为善；不善者亦不会因为过往的事情自惭形秽而不敢说话。如果因为一个人说的话不当理，就四处宣扬这个人的不是，这个人必然会感到惭愧和受辱，以后就算有话也不敢说了。普通人在成长过程中，都有看事情不全面、想事情幼稚的阶段，或者某个阶段困于一己之私而不能公心公道等，这都是很正常的。因此，听人言要有包容爱护之心，只有这样，别人才能尽心尽言，自己才能以人为镜，知己之得失。

舜帝聪明睿智，能合天下之知为一人之知，而不是刚愎自用、自恃聪明而自大。所以舜帝的"知"越来越大，如果只是安于一己之知，就不可能到达"止于至善"的境界。"好问而好察迩言，隐恶而扬善"，这是舜帝的"大知"所在。相反，愚蠢的人本来就缺乏自知之明，又做不到以人之知来滋养自己之知，甚至盲目自大、自以为是，只会变得越来越愚蠢。所以，智者虚怀若谷，以人之知为己之知；愚人则自用其愚，不求人之知而愈愚。

"两端"指"过"和"不及"。"过"和"不及"要根据"两端"来判断，不能事先设定一个"中"的标准，再用这个标准来判断"过"与"不及"，这样做不过是先射箭后画靶子的自欺罢了。

"执其两端"的"执"字，相当于俗语说的"把住两头"。"执其两端而用其中"不能理解成凡事按照"过"和"不及"的两端取中间值，而是要循理，简单粗暴地折中显然不符合中庸之道。

"循理"即《大学》说的"厚""薄"，天地万物都按照天理运行，从道理上来说，自然有"厚"和"薄"的区分。就像路上跑的车，是需要有秩序的，所有车都按照交通规则行驶，车与车之间才不会互相影响，整个交通系统才能顺畅运行。上坡的车要让行下坡的车，不是因为下坡的车比上坡的车重要，只是因为这样更合理，如果不这样做就容易出事故；轻车要让行重车，不是因为重车比轻车重要，而是因为重车惯性大，不好刹车和转弯，开小车的遇到大水泥罐车，都应该让行。身体上的器官都是平等的，但遇到危险时，都是用手护住头，没有用头护住手的。草和马都是有生命的，用草喂马，并不是因为马的生命比草的生命重要，只是因为天地万物的道理本来如此。

《传习录》中提到，至亲和路人同样是自己所爱，如果只有一点食物，只够救一个人，得到的就能活下来，得不到就死去，二者不能两全，救至亲而不救路人，难道自己心中就忍得吗？显然绝大部分人都会选择先救至亲，而不是路人。这不是因为自己心无恻隐，而是天理本来如此。天地万物只有各安其位、各司其政，才能秩序井然，才能生生不息。

所以，《大学》所谓的"厚""薄"指的是自然条理的不可逾越，条理就是次序，这就是"义"。依照这个道理行事，就称为"礼"；知晓这个道理，就称为"智"；内心始终遵循这个道理，就称为"信"。

在治世中，譬如有人立功，这时应该赏万金、赏千金、赏百金，还是不赏赐呢？赏万金是至厚，不赏是至薄，究竟该赏赐多少需要全面权衡，把具体情况和未来影响都考虑进去，而不是直接折中就认为是"取中"。

"斯"是"此"的意思。《礼记正义》引《谥法》云："受禅成功曰舜。"又云："仁义盛明曰舜。"显然，"舜"字表示道德圆满。"其斯以为舜乎"，即舜帝道德圆满，完全配得上"舜"的谥号。

> 圣人是生知安行的水平，大部分人都是困知勉行的水平。普通人做事要按事之常理，圣人做事也要按事之常理，不能想当然地觉得圣人做事就能超越常理。就像千里马和普通马，普通马要用四条腿走路，千里马也要用四条腿走路，只是千里马走得快一些。如果千里马不用走路而用飞，它就不是马了。要清楚，圣人首先是人，然后才是圣人。

【第七章】

【原文】

子曰："人皆曰予知，驱而纳诸罟擭陷阱之中，而莫之知辟也。人皆曰予知，择乎中庸而不能期月守也。"

【老刘说】

本章承接上一章，是说无知之人行中庸之事。

"予"是"我"，"人皆曰予知"即"每个人都说我（自己）聪明"。"驱"是"驱逐"；"罟（gǔ）"指捕兽的网；"擭（huò）"指装有机关的捕兽木笼；"辟（bì）"通"避"，此处指"躲避，设法躲开"。

"驱而纳诸罟擭陷阱之中，而莫之知辟也"是不能避祸；"择乎中庸而不能期月守也"是不能趋福。愚者既愚又无恒，自然做不到避祸趋福。

孔子说："世上的愚者，都认为自己足够聪明，以为自己什么都明白，实际上却连最基本的趋福避祸都搞不清楚，被利欲驱赶着，就像兽类被猎人驱赶，撞到网上、掉入陷阱中一样，不知如何躲避，怎么算得上是'有知'呢？世上的愚者，都认为自己足够聪明，如果真的足够聪明就应该能长久地坚持。可这些人行中庸之道，连一个月都坚持不下来，又怎么能算是'有知'呢？"

【第八章】

【原文】

子曰："回之为人也，择乎中庸，得一善，则拳拳服膺弗失之矣。"

【老刘说】

本章以颜回行中庸之道为例，阐述中庸之道仅仅知晓是不行的，必须"择之精，守之固"，这样所行才能无过无不及，才算是真正的知行合一。

"回"指孔子弟子颜回。"服"是放置，佩戴；"膺"是胸；"拳拳服膺"即奉持放置于心间，形容牢记不忘。

是非善恶都要内求于心，中庸是性之德，是判断善恶的"参照系"，"择乎中庸"是依照中庸而择善。《论语·雍也》中，孔子称赞颜回"不贰过"。"贰过"是重复过失，"不贰过"从表面来说，是犯了错能及时反省悔改，之后便不再重犯。深入来看，是心上意念发动，如果有私欲滋扰遮蔽，人的良知就会被遮蔽，从而知善而不能守、知恶而不能去，以致偏离正道。心上意念发动，属于人所不知而己所独知，所以君子必慎其独，必须时刻存养良知，做审慎省察的功夫，只有如此才能复其本体。

"不贰过"是守善不失，得一善之后，要在心体上固守此善，才能"弗失之矣"。

孔子说："用世中的待人接物，都有个中庸的道理在，有些人不能依照中庸的道理来应对人情事变，有些人能做到却又不能长久坚持。颜回这个人既能以中庸之道行事，又能长久持守。他对遇到的事事物物，都能叩其两端仔细审察，最终得出一个符合中庸的道理，然后将这个道理牢记不忘，始终秉持坚守，不敢有失。"

同样是中庸之道，舜帝收放自然，无须用力，属于用"中"的境界；颜回是诚敬持守，唯恐有失，属于"择'中'"的境界。显然，舜帝的境界比颜回高。

【第九章】

【原文】

子曰:"天下国家可均也,爵禄可辞也,白刃可蹈也,中庸不可能也。"

【老刘说】

本章是言中庸之难为。

"国"指邦国,即诸侯之国,"家"指卿大夫等;"均"最开始指"土地平整",《说文解字》训"均"为"平遍也",意为"无所不平也",此处应意同"不患寡而患不均"之"均",侧重指公平、有秩序。"天下国家可均也"即治理国家公平有秩序,这是大智之事;"爵禄可辞也"即视功名利禄如粪土,这是大仁之事;"白刃可蹈也"即赴汤蹈火在所不辞,这是大勇之事。"中庸不可能也"可以与《中庸》第五章"道其不行矣夫"参照理解。

孔子说:"天下国家,事体繁难,人民众多,想要治理得公平、有秩序,是一件非常难的事情,但对于一个具备大智的人来说,这是能做到的。人们都希望能拥有爵位和俸禄,面对这样的诱惑,一般人很难拒绝,但对于一个有大仁的人来说,是能做到不为其所役使的。死亡是每个生命都会畏惧的,一个真正有大勇的人,做到视死如归也算不上很难的事情。唯有中庸的道理,不偏不倚,无过无不及,本应该是人日用常行的,看起来很容易,真正做到却千难万难。只有进德到仁熟义精,心体廓然大公,时刻无一丝一毫私欲攀附,才能真正贯通中庸之道。否则就会知之不真、守之不定,要么太过,要么不及，无法做到不偏不倚，这显然很难做到。"

正因为中庸难以真正做到，所以有志于此之人，必须笃定地做戒慎恐惧的心性功夫，不可急功近利、心存侥幸，想走什么捷径。圣人以下的修身功夫，皆是如此。

《中庸章句》中，朱熹先生把"均"解为"平治"，个人认为不妥。按照《大学》三纲八目，治国、平天下是明明德于天下，即中庸之道能大行于天下。如果把"均"理解成"平治"，那么前句"天下国家可均也"与后句"中庸不可能也"，就会彼此矛盾。

【第十章】

【原文】

子路问强。子曰:"南方之强与? 北方之强与? 抑而强与?"

【老刘说】

"抑"是"抑或",意思是"或是,还是";"而"通"尔",此处指子路。子路自恃其勇,于是请教孔子什么是"强",孔子回答他说:"强有多种,有南方人的强,有北方人的强,还有为学者行中庸之道的强,你想问的是哪一种呢?"言外之意是说,这几种强是有区别的。

"子路问强"的起因,可以参考《论语·述而》:

子谓颜渊曰:"用之则行,舍之则藏,惟我与尔有是夫!"

子路曰:"子行三军,则谁与?"

子曰:"暴虎冯河,死而无悔者,吾不与也。必也临事而惧,好谋而成者也。"

"用之则行,舍之则藏"即如果时势通泰能行此道于世就行道,如果时势否塞不具备行道的条件,则藏此道于身,以待时机。"用"和"舍"不是自己能左右的事情,"行"和"藏"是自己能左右的事情。对圣人来说,用则行,舍则藏,就像晴天干活,雨天打伞一样自然。

31

孔子赞许颜渊说："我用世的出入进退，只是看所处时势如何，为了出仕而枉己徇人是不可取的，刻意避世也是不可取的。如果时势通泰，有出而行道的机会，我就出而行道，以图济世之功；如果时势否塞，没有出来行道的机会，我就隐而不出，藏道于身，以全高尚之志。出入进退没有一毫'意''必'在其间，这才是随时处中的道理。只有你我能够做到，别人是无法轻易做到的。"

子路见孔子夸赞颜渊，自审后发现在这个方面远不如颜渊，但自己擅长行军打仗，于是就以行军之事问孔子说："老师，倘若您需要带兵打仗，将会和谁一起呢？"孔子回答说："君子不同于普通人之处，在于义理之勇，而不在于血气之刚。徒手搏虎、徒步涉河，死了也毫不后悔的人，用兵必然会失败，我是不会用这种人带兵打仗的。临事而惧、好谋而成的人带兵打仗，必然能处于不败之地，这才是我要用的人。"子路勇武果决，孔子这么说，有抑而教之的意思。

【原文】

"宽柔以教，不报无道，南方之强也，君子居之。"

【老刘说】

"宽"指包容宽厚，"柔"指顺势引导，"以教"即用这种方式教导教化。"无道"指不能合道循理，"不报无道"即"犯而不校"。"犯"指别人以非礼犯我；"校（jiào）"是计较，"不校"是不与人争强弱胜负。只有自己先处于无过之地，别人以非礼相加，才算是"犯"，如果自己有错在先，别人的非礼相加就不算是"犯"了，自然也就谈不上"校"了。如果碰到应该"校"的情况，只需合道循理应对即可。

"居"指"心之居"，可以参照《孟子·尽心上》中的"居移气，养移体，大哉居乎"来理解这个"居"字。

孔子告诉子路："荆阳之南，其地多阳。阳气舒散，当地社会大风气宽缓和柔。因此南方以宽忍为强。在这种大氛围下，社会教化注重包容宽厚、因势利导。就算被人无礼冒犯，也不会予以报复，这是南方之强。具体体现就是能忍耐包容，忍人所不忍，不会因为小事而大动干戈，处理事情把和谐稳定放在前面，不轻易激化矛盾。和柔为君子之道，所以说君子居之。"

> 本句中的"君子"与《中庸》其他处的"君子"意思有所不同，本句中指能做到"宽柔以教，不报无道"的人，这显然是好人的做法，算是君子之事。

【原文】

"衽金革，死而不厌，北方之强也，而强者居之。"

【老刘说】

"衽（rèn）"指睡觉时用的席子；"金"指刀枪等兵器；"革"指盔甲等护具。"厌"是厌烦、满足，譬如贪得无厌；"死而不厌"指至死不改。

孔子告诉子路说："北方之地，其地多阴，阴气坚急，当地社会大风气好勇斗狠，因此北方以刚猛为强。在这种大氛围下，兵器盔甲这些用于征战厮杀之器，当地人不但不会畏惧害怕，还会与刀枪铠甲同睡共眠，恬然处之，把随时战死沙场当成一件极其平常的事情。"

南方以含忍为强，北方以果敢为强，这种不同是风气和习俗不同造成的。南方以温厚之气为主，因此以"宽柔诲人、犯而不校"的含忍为强，这是偏于"柔"；北方以凛严之气为主，因此以"刚猛杀伐，死且不厌"的果敢为强，这是偏于"刚"。人本性无偏，只是在后天环境和社会风气的浸润下，会表现出有偏的一面。

《论语·阳货》第二章中，圣人说："性相近也，习相远也"，讲的正是这个道理。《论语》中只有这一章中提到"性"字，其他章节是没有的，有的人以自己天赋资质等不好为借口，不肯笃实做戒慎恐惧的实修功夫。针对这类人，孔子以"性相近也，习相远也"勉励他们，只要肯在"习"上用功，时刻不忘进德修业，是可以成圣成贤的。

【原文】

"故君子和而不流，强哉矫！中立而不倚，强哉矫！国有道，不变塞焉，强哉矫！国无道，至死不变，强哉矫！"

【老刘说】

"矫"是形声字，由"矢"和"乔"组成，本义是"把弯曲变形的箭反向拱起，让它恢复正常的形状"，在此处指君子以"天命之谓性"的强健之力去除私欲遮蔽，让本心归正；"强哉矫"即"志意强哉，形貌矫然"，表示强烈的赞叹，意思是"君子以义理胜过私欲，不为私欲所屈，并能始终持守中道，以强健姿态彰显自己的志意，这才是真正的'强'"。

"流"指没有自己的主见，"和而不流"即与人相处和蔼平易，但不会以此而模糊立场或者失去原则。普通人一旦与人和气，就难免会"抹不开面子，拉不下脸"，导致内心动摇而不能坚持自己的立场和原则。君子心有强健，在自己坚守的立场和原则面前，不会动摇。

"中立"指持守中道而独立，"倚"指偏颇而不能中立，"中立而不倚"指始终能持守中道而不会有所偏颇。没有强健支撑的中立，就很难保持真正的独立，意志坚定，才能真正独立不偏倚。这就像身体虚弱的人，是无法挺拔站立的，必须倚靠外力才能站稳。同样的道理，心不能真正强大，人就不可能做到真正的持中。

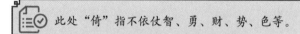
此处"倚"指不依仗智、勇、财、势、色等。

"塞"本义是充满，此处指立志之初，未达之时，心中充满以自己所学兼济天下的意志；"国有道，不变塞焉"指君子生逢国家有道的时势，能达成自己所愿，以自己所学亨通畅达于天下，这个时候不会因为志得意满而改变初心。此句可以参照"富贵不能淫"来理解。"不变"指持守初心不变,"国无道,至死不变"指君子生逢乱世,不能得遇时势,难免困顿落魄不得志,这个时候不会因为急于摆脱不好的境遇,而改变自己的初心。此句可以参照"贫贱不能移"来理解。

孔子说:"平常人所谓的'强',是指能胜过其他人,这和君子认为的'强'不是一回事。能做到用义理战胜私欲,而不屈服于私欲,才算是真正的'强'。譬如与人相处贵在'和',过于强调'和',就容易抹不开面子而随大溜;而君子在和蔼可亲的同时,又有自己的主见,绝对不会随大溜做一些不好的事情,只有义理始终胜过私欲的君子才能做到如此,这是真正的'强'。处己贵在能持守中道而独立,真正做到这点并不容易,君子处己卓然守正,始终坚定不动摇,这是真正的'强'。国家有道时,君子得偿所愿,处富贵而道济天下,能在金钱与权力的面前不迷失自己,不忘初心;国家无道时,君子穷困潦倒,处贫贱而朝夕难保,能坚守自己的节操,这是真正的'强'。"

本章引用孔子之言,是为了说明君子必有此"强",才能谈到后面的中庸之道。

【第十一章】

【原文】

子曰："素隐行怪,后世有述焉,吾弗为之矣。"

【老刘说】

《礼记正义》中,把"素"解释为"乡","素隐"即身居隐逸的地方;对照前后文意,这样理解显然很牵强。朱子根据《汉书》认为,"素"当为"索","素隐行怪"即"索隐行怪"。"索"是"求索"的意思;"隐"即隐僻玄奇,属于普通人无法理解的范畴;"索隐"即通常说的对常理不屑一顾,刻意追求深僻之理。"怪"指异于常人常理,"行异"就是通常说的不走寻常路,刻意标新立异。

孔子说:"中庸之道起于匹夫匹妇,通行于天下,是普通人都可以企及的。有一类极其聪明的人,认为日常应该知晓的道理过于普通而瞧不上,却另外寻求所谓的高深道理,刻意追求常人所不能知的,远远超出普通人能理解和运用的范畴,这是'索隐'。对于普通人日常应对人情世变的方式方法,同样瞧不上,刻意标新立异不走寻常路,这是'行怪'。'索隐'是'知者过之','行怪'是'贤者过之'。靠'索隐行怪'来哄骗世上没有见识的人,以达到后世留名的目的,这是'后世有述焉'。对于这样的行为,君子应该引以为耻。知吾之所当知,行吾之所能行,我是不会做'素隐行怪'这类事情的。"

这句的理解,可以参照《论语·述而》第二十章:

子不语怪，力，乱，神。

孔子之教不说无益之事，"不语"在这里指"不谈及"。

"怪"即怪异，就是荒诞不经、不符合常理的人或者事。怪诞之事诡异无据，虚诞不经，最能蛊惑人之心志。人有好奇心作祟，讲这些固然能吸引人，但于行道无益，所以圣人只讲常理，不讲不符合常理的内容。

"力"即强力，也就是超出正常范围的力量，比如霸王举鼎、力有千钧等。强力的主要特点是强势破坏正常秩序，譬如开锁要用钥匙，这是正常秩序，靠着自己力气大就暴力拆门，就是"力"的范畴，这显然是不妥当的。在人类社会中，如果过分宣扬强力，就会导致社会过分崇尚力量，助长以强凌弱、以众暴寡的风气。逞血气之勇的人肆意践踏社会秩序，暴戾之气蔓延开来，这显然不是天下之福。圣人只讲以德配位，不讲以暴治国，所以不讲"力"。

"乱"即悖乱，就是违背正常伦理的事情。伦理秩序是社会健康稳定运转的基本保障，像上烝下报等有悖伦常的事情为天理所不容。讲悖乱之事无法避免讲细节，而细节之中有太多见不得人的龌龊和不堪，说多了难免会引人向恶，反而容易把好人带坏了。这显然与圣人教化天下的初心背道而驰。

"神"即鬼神之事。鬼神之理虚无缥缈，且难明易惑，并非人事之常。儒家基于当下的日常之中，讲的是"不知生，焉知死""敬鬼神而远之"，所以圣人只语人，不语鬼神。

总而言之，"怪，力，乱，神"这四件事情对教化天下有害无益，所以圣人不语。

【原文】

"君子遵道而行，半途而废，吾弗能已矣。"

【老刘说】

"遵"即"沿着、依照、按照"；"道"即中庸之道；"废"即放弃，在这里比喻行道修身如同人行于路上，不能半路放弃；"已"即"休止"。

孔子说："有些人选择了中庸之道，沿着这条大路向前走，却不能始终如一。走到半路放弃了，这是'知'能企及而'仁'不足够导致的，即立志不坚，不能做到真正的'强'。我是不会这样的，有始必有终，进德修身是一辈子的事情，既然已经坚定地选择走中庸之道，就不会半途放弃。"

本句的理解可以参照《论语·子罕》第十八章：

子曰："譬如为山，未成一篑，止，吾止也。譬如平地，虽覆一篑，进，吾往也。"

孔子说："为学是一件不进则退的事情，进退的关键在于自己，不在于别人。做为学功夫不能中断，更不能故步自封，就算已经到达了很高的高度，一旦止步就会前功尽弃。譬如一个人筑土为山，已经垒得足够高了，仅仅缺一筐土就成功了，但这个人忽然中止，这座山也就无用了。半途而废并不是外人导致的，只是因为自己心生懈怠。为学做功夫这件事，想成功也很容易，只要坚持不懈，勤奋不辍，就有希望从平常人到达圣贤的高度。譬如想要在平地上筑起一座高山，就要一筐土一筐土地积累，不能指望一蹴而就。日积月累，高山就筑成了。"为学这件事情，先要立志，立志坚定才能谈到后面的事情；立志不坚，难免半途而废。立志坚定、勤学不辍的人，又怎么可能不上达呢？

【原文】

"君子依乎中庸，遁世不见知而不悔，唯圣者能之。"

【老刘说】

"依"是随顺不违背；"遁"指隐遁埋没而不能彰显，"遁世不见知"指君子依照中庸之德而行，奈何生不逢时，处于无道之世，虽然有德有才，却不为人所知，终将与草木同朽；"不悔"即无悔恨和怨气，在这里指君子面对生前无所作为，死后也默默无闻的现实境遇，能心中坦然平和，无怨无悔。

孔子说："前面说的都是有过或不及的人，他们都算不上是真正遵循君子之道。真正的君子不会'索隐求怪'，其遵循的唯一标准是中庸之道，终身安于此道，不会半途而废。即便生不逢时与草木同朽，心中也不会有怨天尤人的想法，更不会因为选择了中庸之道而感到懊悔，这才是智尽仁至的中庸之成德，这个境界我是达不到的，只有德造其极的圣人才能达到。"

本句的理解可以参照《论语·学而》第一章的"人不知，而不愠，不亦君子乎?""人不知，而不愠"的"愠"意为"含怒，生气"。

"人不知，而不愠"从内求的角度来说，即《周易·文言·乾》的"遁世无闷，不见是而无闷"。为学是自己的事情，为学本质上是对自己的生命负责，是真正的为己之学，要学好为己之学就要修好心性，让自己的心真正成为身体的主宰，这才是真正的理顺，真正的为己，而不是想当然地把"为己"和"追求自己身之所欲"的自私自利画等号。儒家修炼心性是为了更好践行自己的生命意义，不要想当然地觉得修炼心性就等于不食人间烟火，这显然是严重的误解，试想儒家修身、齐家、治国、平天下，哪一件事情不是与世间人打交道呢?

只有分清真正的"为己"和"自我戕害"，才能在真正的"为己"中"克己"，才能真正存养心性，进入圣人之境。为学这件事情完全是自己的事情，别人知不知道是别人的事情。因为别人不知道自己就不高兴，就流于外求了。

> 本句对上文加以总结，"依乎中庸"对应"吾弗为之矣"，"遁世不见知而不悔"对应"吾弗能已矣"。

【第十二章】

【原文】

君子之道费而隐。

【老刘说】

"道"即中庸之道；"费"为形声字，本义指使用钱财，如花费、消费等，引申为"用，消耗"，在此处指中庸之道应用范畴广大；"隐"的原义是筑墙掩蔽，引申为"藏匿，不可知晓"，在此处指中庸之道的本体精微难知。

"君子之道费而隐"对应《中庸》第二十七章的"致广大而尽精微"。本句要从"体用一源"的角度理解，即君子之道，体用一源，其用广大而无穷，其体精微而不可见。

> "费"是道之用，"隐"是道之体。能摸得着、看得见的"费"，背后的道理就是"隐"。"费"侧重指形而下的范畴；"隐"侧重指形而上的范畴，前者是后者的载体，即"隐"是"费"后面的所以然。

【原文】

夫妇之愚，可以与知焉，及其至也，虽圣人亦有所不知焉。夫妇之不肖，可以能行焉，及其至也，虽圣人亦有所不能焉。天地之大也，人犹有所憾。

【老刘说】

"知"在此处侧重指"知晓"。中庸之道虽然不出乎日常五伦之间，但其精微之处通乎性命之奥。从知晓的角度而言，即便是最普通的愚夫愚妇，基于自己的本然良知，对自己日用常行的道理，也是知晓的；如果穷究中庸之道的精微之处，即便是生知安行的圣人，也做不到穷尽其妙处。从践行的角度而言，即便是匹夫匹妇中的不肖之人，基于自己的本然良知，对自己所知的日用常行的道理，也是可以践行的；如果穷究中庸之道的致广大之处，即便是生知安行的圣人，也不能保证自己所行都极致完美。天地至大，覆载万物，天地运转会有失正的时候，人更是如此，做不到事事完美，难免会有所遗憾。

此处说"圣人亦有所不知、不能"，前提是有个"至"字，"至"即极致。道无不包，如果要求事事时时都必须做到极致，显然是不现实的。另外，人的时间和精力都是有限的，圣人并不能把每件事都做得完美，而是要先基于事情分轻重缓急。圣人用世亦是合道循理、主次分明，对于紧要的事情，圣人能尽善尽美；在细枝末节上，圣人显然不会消耗太多时间和精力。所以《大学》中说："知所先后，则近道矣。"

【原文】

故君子语大，天下莫能载焉；语小，天下莫能破焉。

【老刘说】

"语小，天下莫能破焉"侧重指"道心惟微"。中庸之道无处不在，从其"致广大"处来说，天下之大也不能完全承载得起；从其"尽精微"处来说，中庸之道可以化物而不可为物所化，自然也不可能被剖破。本句的理解，可以参照《周易·系辞上》的"唯几也，故能成天下之务"，即由性体之精微充实拓展而成就开物成务、化民成俗之大业。

> 《中庸》中的"致广大而尽精微",与庄子说的"至大无外""至小无内"不同,庄子说的"大"与"小"只是空间意义上的两个极端,所以庄子在后文说:"一尺之棰,日取其半,万世不竭。"《中庸》的"致广大而尽精微",是从体用一源的角度来说的,即立大本之"体",则有达乎天下之精微之妙"用"。

【原文】

《诗》云:"鸢飞戾天,鱼跃于渊。"言其上下察也。

【老刘说】

"戾"是"至,到";"渊"指水深不可察见之处;"察"在此处是"昭著,彰显"。

"鸢飞戾天,鱼跃于渊"出自《诗经·大雅·旱麓》,意思是说,鸢鸟向上飞翔,可以到达天的至高处;鱼儿向下游跃,可以到达水的至深处。万物合道而生于天地之间。《诗经》中的"鸢飞戾天"是说大道昭著于上,"鱼跃于渊"是说大道昭著于下,无论是在天成道还是在地成形,皆合于大道。

"鸢飞戾天,鱼跃于渊"皆是天理流行的发见之妙处,此处引用是为了说明大道无所不在。人在世间,行于道中却不自知,就像鸟儿在天空飞翔,鱼儿在水中游动,是如此普通平常的事情。

从"必有事焉"心性功夫的角度来说,"鸢飞戾天"指鸟儿在天上自由飞翔,代表阳气上升;"鱼跃于渊"指鱼儿在水中自由穿梭,代表阴气下降。二者合在一起,说的是"一阴一阳之谓道"的阴阳气息变化。心以天地万物为一体,天地之间活泼泼的万物,无非阴阳二气。阴阳二气永无止息,天地万物都符合此道,离开此道做心性功夫必然是不对的。

从"费而隐"的角度来说,"鸢飞鱼跃"皆是"费","鸢飞鱼跃"背后遵循的道理就是"隐"。

【原文】

君子之道,造端乎夫妇,及其至也,察乎天地。

【老刘说】

"造端"是"起头"的意思;"夫妇"即匹夫匹妇之所知、所行;"至"指"尽头"。

君子行道的初始处,起于普通人的所知所行,推至极致处,则可以彰显昭著于天地。君子之道从近小的角度来说,发端处在人伦最亲密无间的夫妻之间;从远大的角度来说,则可以昭著于天上地下无所不有之处。在五伦关系中,夫妇关系是最亲密的,很多他人不知晓的私密,妻子都是知晓的。如果在这种最亲密无遮挡的关系中都能行道,在其他人伦关系中又怎么不能尽己行道呢?所以君子的戒谨慎独,应从夫妇这一伦做起,推至极致就是昭著于天地。

"言其上下察也"的"察"与"察乎天地"的"察",意思是一样的,都是指昭著于天地之间,与《周易·系辞上》中的"知周乎万物而道济天下"一致。"察""知"是一体的。

【第十三章】

【原文】

子曰："道不远人。人之为道而远人，不可以为道。"

【老刘说】

"道不远人。人之为道而远人，不可以为道"是本章的纲要，下文三节都围绕此纲要展开。对于"道不远人"的理解，是本章的关键。

"道不远人"有两层含义。第一层意思侧重指道之所在，基于《中庸》首章的"率性之谓道"和第十五章的"君子之道，辟如行远必自迩，辟如登高必自卑"，"道"只是率"天命之性"，在所有人都能知能行的范畴内，落脚点在君臣、父子、夫妻、长幼、朋友这五伦之间，是真正的常人能知能行的常道，所以说"道不远人"。五伦关系是为道者真正的求道之处，如果嫌弃这些过于普通平常，以为在日常生活中求道不值得做，反而转向高远难行的地方去求道，自己的所知所行必然会偏离"天命之性"，得到的又怎么可能是真正的"率性之道"呢？从这个角度来说，所谓"道不远人"，即是"众人之所能知能行者也"。

第二层意思侧重指弘道之事，基于《中庸》第十五章的"妻子好合，如鼓瑟琴。兄弟既翕，和乐且耽。宜尔室家，乐尔妻帑"和第二十章中"修身则道立"，"道不远人"即弘道之事落脚之处亦在日用常行的五伦关系之中，即《孟子·告子下》的"尧、舜之道，孝弟而已矣"。

这两层意思的理解，可以参照《论语》中的部分章节。

一是《论语·微子》第六章中，孔子曰："鸟兽不可与同群，吾非斯人之徒与而谁与？"意思是说："他们说辟人不如辟世，只有高飞远举不在人间才能做到。殊不知鸟和兽既然是异类，就不可能同群。人生于天地之间，不与人相处又和谁相处呢？既然要与天下人相处，又怎么能把绝人逃世当成高洁之举呢？"

二是《论语·先进》第十一章中，孔子曰："未能事人，焉能事鬼"？意思是说："人有生就必然有死，先有生而后有死，死生一体，如果不能知晓生之道，又如何能知晓死之道呢？所以为学者应该先求知晓生之道。"

三是《论语·卫灵公》第二十八章中，孔子曰："人能弘道，非道弘人。"意思是人是道的载体，道由人兴，亦由人行，二者就像水和容器一样。有多大的容器就能装多少水，水量的大小决定能做什么程度的事情。譬如一杯水只能浇浇花，泼在太阳下一会儿就蒸发得痕迹全无了；一水库的水可以用来发电，补充一个城市的电力；大海中的水一旦咆哮而起，制造的灾难足以毁天灭地。人心有觉而道体无为，心能与道合，扩充开来，小用可以修身、齐家、治国、平天下，大用可以参天地赞化育，都是从这个道理发展而来，所以说人能弘道。道是形而上的，虽然彰显出来有修齐治平之能、参赞弥纶之妙，但没有载体借助，就只能漂浮在上不能落地，所以道不能弘人。《中庸》首章说："天命之谓性，率性之谓道，修道之谓教。道也者，不可须臾离也，可离非道也。"如果道能弘人，则人人尽成君子，学不必讲，德不必修，坐等道来弘就可以了。拿扇扇子来说，道如扇，人如手；手能摇扇子，而扇子不能让手摇起来。

【原文】

"《诗》云：'伐柯伐柯，其则不远。'执柯以伐柯，睨而视之，犹以为远。故君子以人治人，改而止。"

【老刘说】

"伐柯（kē）伐柯，其则不远"出自《诗经·豳（bīn）风·伐柯》。"柯"是斧柄；"则"是"以……为法则"，在此处指以手中的斧柄为样板；"伐柯伐柯，其则不远"即用斧头砍木头做斧柄，斧柄的大小长短等只需要参照正握在手中的斧柄就可以了，并不需要远远地去别处再找样板。

"睨（nì）"是斜着眼睛看；"睨而视之"即斜着眼睛观察用于加工成斧柄的木头和手中斧柄的差距，以便进一步加工。

"犹以为远"指木匠参照自己手中的斧柄把木头加工成斧柄，参照的标准是手中的斧柄，这是通过观察而获得，并不是自己心中本来就有。相对于以自己心中所想为标准，"睨而视之"显然算是"远"了。

这样理解，与下文"忠恕违道不远，施诸己而不愿，亦勿施于人"的语义衔接就会更为贯通顺畅。

"君子以人治人"即"以其人之道，还治其人之身"，前一个"人"指君子自己，后一个"人"指他人，"君子以人治人"是"修己以治人"，也就是"尽己之心为忠，推己及人为恕"，对应下文的"忠恕违道不远"。

"止"在此处是停止的意思，"改而止"即"其人能改，即止不治"，君子教导他人，目的是让这个人回归到他自己的能知能行，如果被教导的人已经回归到正道了，就没必要继续教导了，所以说"改而止"。譬如尽孝这件事情，君子教治不能尽孝的人，不是另外制定一套法则去规范他或者按照自己尽孝的标准去要求他，而是从他自身就具备的父子亲情出发，激发他的真情实感，这个人只要能做到不欺骗自己，发自内心地把对父母的爱践行出来，自然也就做到尽孝了。这就是《中庸》首章以"天命之谓性，率性之谓道"开篇的原因。

本句核心只在"道不远人"四个字，人人皆是天命赋予之性，都是天生合道的，只可能是人自己远离了大道，不可能是大道远离人。

【原文】

"忠恕违道不远，施诸己而不愿，亦勿施于人。"

【老刘说】

"违"是"背离，彼此背道而驰"。尽己无私为忠，推己及人为恕。人心是相通的，自己心中厌恶的和别人心中厌恶的是差不多的，"己所不欲勿施于人"就是"恕"的具体表现。

"忠"和"恕"二者是体用本末的关系，君子诚意不自欺，主于内的内尽于心为"忠"，彰显在外的外不欺物为"恕"，二者如影随形。"恕"是从"忠"发出的，所以能贯通万物。"忠"是天命之性的范畴，"恕"是应对人情事变的范畴。在入世治世的具体应对中，能推己及人，克己忘私，保持心体不被私欲遮蔽沾染，就能物我贯通，合于大道，自然有个生生无穷的意思在；如果被私欲遮蔽牵引，不能推己及人，只关注自己的感受而忽略别人的感受，就会物我隔绝、损人利己与大道背离，长此以往，咎害灾祸等就会降临。

【原文】

"君子之道四，丘未能一焉：所求乎子以事父，未能也；所求乎臣以事君，未能也；所求乎弟以事兄，未能也；所求乎朋友先施之，未能也。庸德之行，庸言之谨，有所不足，不敢不勉，有余不敢尽。言顾行，行顾言，君子胡不慥慥尔？"

【老刘说】

"求"在此处是"要求、希望"的意思；"庸"即平常；"行"指践行；"慥慥（zào zào）"指诚敬笃实、言行相应的样子。

孔子是具备至圣之德的，但圣人谦敬虚己，常怀望道未见之心。孔子自谦说："君子之道有四，分别对应五伦关系中的父子、君臣、兄弟、朋友，我没有一件能做到。为子之道在于孝，我希望凡是做儿子的都能尽孝事父，但反求诸己，我认为自己在事父尽孝这件事情上，并没有真正做到；为臣之道在于忠，我希望凡是做臣属的都能尽忠事君，但反求诸己，我认为自己在事君尽忠这件事情上，并没有真正做到；为弟之道在于悌，我希望凡是做弟弟的都能尽悌事兄，但反求诸己，我认为自己在事兄尽悌这件事情上，并没有真正做到；朋友之道在于信，我希望凡是做朋友的都能彼此有信，但反求诸己，我认为自己在这件事情上，并没有真正做到。孝悌忠信，只是平常普通的道理，以此道存诸心、体诸身，就是中庸之德；中庸之德以言语方式切实践行出来的就是庸言，言语需要足够谨慎，说话之前要仔细斟酌，该说的说，不该说的不说。践行中庸之德的时候，难免会有不足，有不足之处不敢不勉力前行。言语需要谨慎，不能言过其实；践行要参照所言，做到言行一致。能做到言行相顾，岂不就是诚敬笃实的君子吗？"

圣人说自己"未能"，是因为圣人无自以为成圣之心。圣人很清楚义理是无穷的，自视的时候看到的是自己与义理无穷之间的差距，所以圣人才是圣人。圣人尚且如此自谦，我们这些普通人更应该以谦敬虚己来勉励自己，凡是有志于成圣贤的人，皆应以此为鉴。

本句的理解可以参照《论语·为政》第十八章：

子曰："多闻阙疑，慎言其余，则寡尤；多见阙殆，慎行其余，则寡悔。"言寡尤，行寡悔，禄在其中矣。

"多闻阙疑"即尽可能地多听别人说，把自己觉得存疑、不可信的部分先放到一边。"尤"指别人的责难和无故找麻烦，"慎言其余，则寡尤"即管住嘴巴，说话谨慎，别人想找你毛病也找不着，这样就可以避免绝大部分明面上的责难和潜在的麻烦。

"殆"指让自己感觉心不能安的部分，也就是心里没底的事情。"多见阙殆，慎行其余，则寡悔"即多多观察前人如何行事，并以此为鉴，把自己觉得不能心安的部分去除掉，借鉴行事方式的时候，要足够谨慎，这样才能做到很少后悔。

"言寡尤，行寡悔"即说话能做到少有过失，行事能做到很少后悔。"尤"是从外来的，"悔"是发自内心的。管不住嘴巴，难免会言语伤人，结果就会

48

被人责难。没必要得罪人，得罪人是给自己制造障碍；说了不该说的话，难免会被别人捉住短处，让自己陷于被动的局面。做事情自己心里不踏实，难免心中有愧，又如何不会后悔呢？凡事到后悔的时候就已经是错了。

多闻多见是博学，阙疑阙殆是精择，慎言慎行是心有敬畏，寡尤寡悔是笃实践行。君子谋道不谋食，多闻多见、慎言慎行是为了立身，不是为了谋生求利禄，但能做到多闻多见、慎言慎行，利禄自然会不求自至。

【第十四章】

【原文】

君子素其位而行，不愿乎其外。

【老刘说】

"素"是见在，也就是"现时，现在，当下"；"位"指所处的位置，包括地位和时机等；"愿"指思慕；"外"指本分以外。

人所处的位置不同，针对不同的地位和时机，各有所当行的道理，如果不能做到尽己之道，就算不上是君子了。君子应该活在当下，根据自己所处的位置，行所当行的道理，不可以在本分之外另有思慕。做好自己的分内之事已非常不易，又怎么有闲暇去兼顾本分之外的事情呢？

本句的理解可以参考《周易》艮卦"君子以思不出其位"。艮卦上经卦与下经卦相同，是两个艮为山相叠，艮为止，两个止放在一起表示边界清晰，到达本分的边界就该及时停止，思考事情的时候不能超出自己的本分，更不该越俎代庖。

人都有自己应尽的本分。人处在自己的位置上，无论大小尊卑，都应该坚守本分、尽职尽责。如果超出自己的本分而妄想妄行，就会影响整个体系的健康运转。君子所思所想应该与自己所处的位置相匹配，所想的只是做好自己该做的事情。

譬如做财务的管理者，思考的范围应该是如何审会计、明出纳，这样才能尽自己管账的本分；做军队的将领，思考的范围应该是如何勤训练、饬军令，这样才能尽自己卫国的本分；做父亲的，思考的范围应该是如何让孩子健康成长，成为有用之才，这样才能尽自己做父亲的本分。人类社会的强大是基于社会分工协作，就像一台机器，只要每个零件都在自己的位置上做好自己的本职工作，机器就能健康稳定运转。

【原文】

素富贵，行乎富贵；素贫贱，行乎贫贱；素夷狄，行乎夷狄；素患难，行乎患难。君子无入而不自得焉。

【老刘说】

"自得"即安适舒坦；"君子无入而不自得焉"的断句是"君子无/入而不自得/焉"，即君子所入之处，皆能安守其位且不失其道，没有居其位而不能自得的情况发生。

人所处时位不同，就有该时位当行的道理。行道有顺逆之分，唯有君子能做到依据自己当下所处的时位，以符合自己本分的方式行事。譬如处于富贵之中，就行富贵所当为之事，做到心有所守，无骄慢放肆的行为；处于贫贱之中，就行贫贱所当为之事，做到心无怨恨，无谄媚自弃的行为；处于夷狄之中，就要做到入乡随俗而守道不改；处于危难之中，就要临危不惧，守于善道而不变。

大时势不是个人力量所能改变的，无论生逢其时还是生不逢时，君子都能基于自己所处的时位尽自己的本分，做到守道不变，道在此处则乐亦在此处，君子随遇而安，所处之处即自己安适舒坦之处，不会有居位而不能自得的情况发生。

《论语·卫灵公》中，子张请教孔子说："一个人怎么才能做到行事通达顺遂呢？"孔子回答说："言忠信，行笃敬，虽蛮貊之邦行矣。言不忠信，行不笃敬，虽州里行乎哉？"

51

　　"言忠信"即说话尽己无私，能真正把答应别人的事当成自己的事踏踏实实地去做，中间不掺杂私心，这样必然会获得别人的信任。"行笃敬"即所行笃厚敬肃，在"敬"字前面加一个"笃"字，表示重厚深沉，如果只说"敬"，容易流入拘束不自然。做事沉稳厚重，同时做到不轻慢不拘束，会更有威信，更容易获得别人的认可和尊敬。"君子不重则不威"也是这个道理。

　　孔子生活的时代，蛮在南，貊在北，都是蛮夷之地；"蛮貊之邦行矣"指在蛮夷那种落后的地方都能行得通，自然天下皆可行。古代二千五百家为州，二十五家为里。"州里"指风俗文化相同之地，相对而言，蛮貊之邦的风俗文化会差异非常大，甚至完全不相同。

　　孔子回答说："能感动人的莫过于至诚，君子用世应当反求诸己，如果能做到所言皆忠诚信实，绝无虚假荒诞之言；所行皆笃厚敬谨，没有轻浮急躁的行为，就是诚实无伪的人。大家对于这样的人，自然是见者敬爱，闻者向慕，就算是南蛮北貊这样风俗文化差异很大的地方，一样可以通行无碍，更何况是风俗文化相同的地方呢？如果言不忠信、行不笃敬，就是虚诈不实的人，这种人用世之中，其所行必然会招人怨恨，其所言必然会招致侮辱，就算是在自己州里乡党这样的地方，也寸步难行，更何况在风俗文化差异很大的地方呢？行事是否能通达顺遂，关键在于自己的心诚与不诚。"

【原文】

　　在上位，不陵下；在下位，不援上。正己而不求于人，则无怨。上不怨天，下不尤人。

【老刘说】

　　"陵"是欺凌暴虐；"援"指巴结媚上；"尤"在此处是归罪于人的意思。

　　普通人居于上位时，难免会作威作福，凌虐下位者；居于下位时，难免会趋炎附势，巴结谄媚。而君子则不然，君子居于上位时，不会做出欺凌下位者的事情；居于下位时，不会做出攀附上位者的事情。一般来说，上位者欺凌下位者，而下位者不服从，上位者必然会心生怨恨；下位者刻意巴结上位者，而上位者不予理睬，下位者必然会把这件事当成对自己的羞辱，而怨恨上位者。

《论语·卫灵公》中，孔子说："君子求诸己，小人求诸人。"意思是说，君子和小人的品性不同，用心自然也不同。君子凡事皆反求诸己，比如爱别人而别人不亲近自己，就自省是否在"为仁"上做得不够；以礼待人而别人不搭理自己，就自省是否在敬意上做得不够。君子常存省身之念，唯恐自己做得有阙失，不会过望于别人。小人则刚好相反，凡事皆责备于人，自己对人不仁不义，就认为是别人对不起自己在先，所以自己才这么做的；自己对人傲慢无礼，就认为是别人对自己不够恭敬在先，自己只是在警醒他而已。小人常存归咎别人之念，看到的都是别人的阙失，何尝会内省诸己呢？

君子反求诸己，从自身找原因，己无所失则积德养善，德厚足以感人；小人外求诸人，从别人身上找原因，难免怨天尤人，而世界不可能按照个人意志运转。

《论语·宪问》中，孔子说："不怨天，不尤人，下学而上达。知我者其天乎！""不怨天"即于天无所怨；"不尤人"即于人无所忤。《周易·系辞上》说："乐天知命，故不忧。安土敦乎仁，故能爱。""乐天"便是"不怨天"；"安土"便是"不尤人"。

孔子说："一般人认为学问应该高世绝俗，听起来非常高深，而我的学问则刚好相反，就在普通日常之中。比如一般人不能被上天眷顾，就会埋怨上天；而我知道穷通夭寿这类事情，是人力不可及而上天可及的范畴，无论得失，我都不会因此埋怨上天。别人没按自己的意愿行事，一般人就会责怪别人；而我知道别人对我的用舍予夺，是别人的事情，别人的心亦是人力不可及的范畴，所以无论得失，我都不会因此责怪别人。学问功夫只在反求诸己，循序渐进，要求于内，不能求于外。义理有本末精粗，我只在下面这一层着实用功，功深力到之后，上面的一层就会渐次通达。譬如登山一样，从低处逐渐到达高处；譬如行路一样，自近处逐渐到达远处。在这个方面，做的都是职分之当为和进德修业的常事，而上达的境界便在其中。能和义理相合的境界，是无法用语言或者文字说清楚的，大概只有上天能在冥冥之中真正知道我吧！"

儒家心性功夫在于内求于心，不必刻意求他人知晓。君子居位能公心正己，凡事内求于心，持守善道应对人情事变，坦然面对当下，即便不能生逢其时，也只需顺受其正即可，又怎么会怨天尤人呢？

> "在下位，不援上"对应"素贫贱，行乎贫贱"，如果身处贫贱能安于贫贱，不去趋炎附势，就是"不援上"，做不到就谈不上是行贫贱之道了。"正己而不求于人，则无怨"对应"素夷狄，行乎夷狄"，夷狄无礼义，君子当正己而行，做好自己，而不是要求别人按照自己的来。"上不怨天，下不尤人"对应"素患难，行乎患难"，处于患难之中，能心甘情愿持守善道，心中自然不会有怨恨。

【原文】

故君子居易以俟命，小人行险以徼幸。

【老刘说】

《周易·系辞下》说："夫乾，天下之至健也，德行恒易以知险。""君子居易"的"易"指变易，"易"既然可以"居"，就说明"变易"中有"不易"；"小人行险"的"险"不是指危险、险难等，而是指偏离率性之道，"行险"即"愿乎其外"。"幸"是徼幸，即不当得而得，指偶然获得利益或免去不幸。

君子素位而行，随遇而安，于世事无常的变易之中，始终能持守善道，安于本分平常之中，对于穷通夭寿，只是顺应天命，无丝毫慕外之心。小人不能顺应天命安于本分，内心多有非分之想，行事机巧变诈，经常希望通过不合于天命的方式，徼幸获取不当得之得，这是君子和小人的不同之处。

《论语·里仁》中，孔子说："不仁者不可以久处约，不可以长处乐。""约"是"贫困"，"处约"即处于贫困之境；"乐"指"富贵安乐"，"处乐"即处于逸乐之境。"不仁者不可以久处约，不可以长处乐"即不仁的人不能长期处于贫困中，否则难免会因为不能忍耐饥寒而背离人道，沦落为为非作歹的坏人；不仁的人也不能长期处于富贵安乐中，否则就会骄纵放肆，毫无节制，最后难免惹祸上身，甚至危害社会。君子本性合道，无论处于什么境遇，都能保持本心不变，所以"富贵不能淫，贫贱不能移，威武不能屈"。而小人守不住本心，难免贫困则自暴自弃，富贵则骄奢淫逸。长处困境，难免失意忘形；长处顺境，难免得意忘形。就算能守住一时，也无法长久。

> "行险以徼幸"对应"不愿乎其外"，即不能素位而行，妄图在本分之外取所不当得。

【原文】

子曰："射有似乎君子，失诸正鹄，反求诸其身。"

【老刘说】

"正"和"鹄"都是射箭用的靶子。

孔子说："射箭虽然只是一种技艺，但其中包含君子之道，何以见得呢？君子处事，都是从正己入手，而不是要求别人，就像射箭一样，如果射不中靶心，就要在自身上找原因，反思自己什么地方做得不够好，总结经验教训，努力提高自己的射箭水平；而不是怨天尤人，甚至怨恨比自己射技好的人。"

【第十五章】

【原文】

君子之道，辟如行远必自迩，辟如登高必自卑。

【老刘说】

"自"是"从"，"迩（ěr）"是距离近，"自迩"即从距离近的地方开始；"卑"指低处，"自卑"即从低的地方开始。

君子之道，虽然无所不在，但要想提高自己的水平，进入上达境界，必然要经历一个循序渐进的过程。敬谨于日用常行之间，在自己的五伦关系中切实践行体会，时刻存养本心克除私欲，不断博文约礼，道之精微就会自然显现，而后可以洞悉尽性至命之妙，最终通达君子之道。想通达君子之道，中间循序渐进的过程必不可少，所谓"不积跬步，无以至千里；不积小流，无以成江海。骐骥一跃，不能十步；驽马十驾，功在不舍"，想要到达一个很远的地方，必须先从近处开始，一步一步地往前走；想要爬上一座很高的山，不可能一下子就到山顶了，必须从山的低处开始，一步步向上爬，越爬越高，最后才能到达山顶。

"行远必自迩""登高必自卑"与《道德经》中的"合抱之木，生于毫末；九层之台，起于累土；千里之行，始于足下"看似差别不大，但并不是同样的意思。

本句中的"高"和"远"与《中庸》第二十六章"征则悠远，悠远则博厚，博厚则高明"的"高"和"远"对应。对于君子之道来说,"远"指悠远,行远则广大,"高"指高明,登高则精微。而《道德经》所言,仅是量的积累,积少成多,没有下学而上达,由量变到质变的意思。

【原文】

《诗》曰:"妻子好合,如鼓瑟琴。兄弟既翕,和乐且耽。宜尔室家,乐尔妻帑。"子曰:"父母其顺矣乎!"

【老刘说】

"鼓"在此处做动词,是"弹奏"的意思;"翕(xī)"本义是闭合、收拢,在此处指兄弟之间的"相合,和顺";"耽(dān)"本义为沉溺、入迷、迟延,在此处指享受和乐且长久沉迷其中;"帑(nú)"通"孥(nú)",指儿女子孙等。

"妻子好合,如鼓瑟琴。兄弟既翕,和乐且耽"出自《诗经·小雅·常棣》,大意是说:"一个家庭内部,夫妻之间情意相得,像鼓瑟相合一样合拍默契;兄弟之间友爱相合,相处温馨融洽,彼此都非常享受兄弟之情带来的美好感觉,在这样的家庭伦理关系中,每个人都能各得其宜,子孙后代都能和乐融融,家庭美满幸福。"

孔子说:"一个家庭中,如果夫妻不和睦,兄弟阋(xì)于墙,父母难免忧愁不断;如果夫妻和睦,兄弟同心,家中欢欣和睦,父母也会安乐无忧!"以一家而言,父母关系是处于上位的,夫妻、兄弟关系是处于下位的,和谐的夫妻、兄弟关系能带来父母的安乐无忧,亦是"登高必自卑"的意思。

儒家虽强调经世致用,但"天下之本在国,国之本在家,家之本在身",齐家、治国、平天下的事业都发端于心性。君子尽人伦是尽人之性,格物穷理是尽物之性,本质上都是在尽己之性。

【第十六章】

【原文】

子曰："鬼神之为德，其盛矣乎！"

【老刘说】

本章涉及鬼神之事。儒家对于鬼神的理解，《礼记·祭义》中有很明确的阐述。

宰我曰："吾闻鬼神之名，不知其所谓。"子曰："气也者，神之盛也。魄者也，鬼之盛也。合鬼与神，教之至也。众生必死，死必归土，此之谓鬼。骨肉毙于下，阴为野土，其气发扬于上，为昭明，焄蒿，凄怆，此百物之精也，神之著也。因物之精制为之极，明命鬼神，以为黔首则，百物以畏，万民以服。"

从这段文字来看，人死为鬼，身躯归于野土，与草木同朽；"气"向上发散，可感应其"昭明""焄蒿""凄怆"，"合鬼与神，教之至也"即依此教化万民，借以安万民之心。孔子不轻言鬼神，凡谈及鬼神都是以人事常理来推断。

本章可以结合《论语》进一步理解。《论语·八佾》第十二章：

祭如在，祭神如神在。子曰："吾不与祭，如不祭。"

"祭如在，祭神如神在"是弟子记述平时看到的孔子祭祀时的诚意。孔子祭祀祖先的时候孝心纯笃，虽然逝者已远，他亦能做到如逝者在眼前一样，祭祀只是竭尽自心之诚。祭祀外神的时候，虽然神明若有若无，圣人亦能尽其诚敬，俨然如神明就在眼前。孔子平常不说鬼神有无，临祭时必诚必敬，鬼神如其他外物一样，只是内心的投影，能做到"如在"二字，就是表里如一，这就是至诚如神的道理。"吾不与祭，如不祭"意思是"祭祀这件事，如果我不能亲力亲为，就和没祭祀一样"。

祭祀的本质是"有其诚则有其神，无其诚则无其神"，"诚"是根本，具体的仪式只是"诚"的载体，别人代替自己去祭祀，就算自己有敬畏之诚，别人在仪式上也做得尽善尽美，但自己不能亲临，终究是心有欠缺，诚意不足，最终也就失去了祭祀的意义。

孔子论学都是从人心实感处具体指点，而非凭空发论。用世中，无论对人对事，都要有这种"如在"之心，否则就会表里不一。

人世间有人世间的理，鬼神界有鬼神界的理。虽然我们不知道鬼神界的理究竟是什么，但应该知道，不同世界都有自己的秩序和规则，如此才可能稳定运转。人行于世间，只要合道循理，自会"自天佑之，吉无不利"。不做好自己的分内之事，反而诌媚亵渎鬼神，这是不达幽明之理；把得失毁誉放在循理合道前面，把吉凶祸福寄托于鬼神，是心之不明。

《论语·先进》第十一章：

> 季路问事鬼神。子曰："未能事人，焉能事鬼?"曰："敢问死。"曰："未知生，焉知死?"

"事人""事鬼"是从心的角度说的；"知生……知死"是从理的角度说的。子路请教老师说："鬼神是人应该奉事的，奉事鬼神之道是什么呢?"孔子回答说："明则为人，幽则为鬼，活人的事情很容易知道，死后鬼神的事情不容易知道。能知道人的生之理，以此推及死后鬼神之理，奉事鬼神的道理与奉事尊长的道理一样，只是个至诚敬谨之心，能做好人道之事，鬼神之事自然也就做好了。你应该先求事人之道。"

子路又问："人都是要死的，没人可以避免，不知死之道是什么？"孔子回答说："人有生就必然有死，先有生而后有死，死生一体，如果不能知晓生之道，又如何能知晓死之道呢？你应该先求知晓生之道。"

孔子对于鬼神的态度是"敬鬼神而远之"，事人之道即事鬼神之道，只是至诚敬谨而已。生之理，即死之理，生死无非气之聚散，本属一体，生而茫然，则死亦惘然；生能俯仰无愧，则死必浩然天地间。

"为德"在此处指鬼神所产生的效应；"鬼神之为德"指鬼神对人世间的作用；"其盛矣乎"指鬼神无形无状，微妙莫测，但其产生的作用却很大。"一阴一阳之谓道"，阴阳二气包罗天地。有此理，便有此气；有此气，便有此形，所以说"鬼神"亦是实然之理。

> 《中庸》第十二章是说道之体用，第十三章是说"道不远人"，第十四章是说行道应该素位而行，第十五章是说进道的次序，第十六章是说"君子（鬼神）之道费而隐"。君子之道对外表现在言行举止上，这是别人能看得见的；而内心的事情是别人看不见的，只有自己最清楚；论鬼神之道，是从别人所不见不闻的角度来说的。所以，鬼神之道即君子之道。

【原文】

"视之而弗见，听之而弗闻，体物而不可遗。"

【老刘说】

"视之而弗见，听之而弗闻"即"世间万物只要是有形的，就都能看得见、摸得着，而鬼神是无形的，因而看不见、摸不着；世间万物只要是能发出声音的，都能被听到，而鬼神是无声无息的，因而听不见"。

"体物"即"以物为体"，属于"倒文"，譬如《周易》中"贞固足以干事"中的"干事"即"以事为干"，《左传》中"鲁故之以"的正常语序应该是"以鲁之故"等。

《周易·系辞上》说："精气为物，游魂为变。""精气为物"指阴精阳气聚而成物，此总言神；"游魂为变"指魂游魄降，散而成变，此总言鬼。"精气"是从物的角度来说的，"魂魄"是从人的角度来说的，"鬼神"是从阴阳合散的角度来说的。《周易·系辞上》接着说："是故知鬼神之情状。与天地相似。"天地合而万物生，阴阳接而变化起，所以说鬼神能"体物而不可遗"。鬼神与天地万物相通，以万物为载体，离开了万物，鬼神就失去了载体。先有鬼神然后才有万物，所以说"体物而不可遗"。"立天之道，曰阴与阳；立地之道，曰柔与刚；立人之道，曰仁与义"即"体物而不可遗"。

> 对于"体物而不可遗"，郑玄注："体，犹生也……言鬼神之道，生养万物，无不周遍而不有所遗，言万物无不以鬼神之气生也。"朱子说："鬼神无形与声，然物之终始，莫非阴阳合散之所为，是其为物之体，而物所不能遗也。其言体物，犹《易》所谓干事。"个人理解，"体"字的内涵是"必因其材而笃焉"（《中庸》第十七章），是尽万物之性，是赞天地之化育，其中包含着裁成辅相。"不可遗"是致广大，"体"是"尽精微"。

【原文】

"使天下之人，齐明盛服，以承祭祀，洋洋乎！如在其上，如在其左右。"

【老刘说】

"齐"通"斋"，指斋戒；"明"是整洁利落；"盛服"是盛美的祭服；"洋洋乎"有流动充满之意。

鬼神为德之盛，可以从人们祭祀鬼神的仪礼中看到。天下人祭祀鬼神的时候，无论尊卑，都要提前斋戒沐浴以整洁其心，参加祭祀的时候穿着盛美的礼服，内心恭敬，神情肃穆，如同鬼神就在上方，就在左右。

　　丧葬祭祀之礼，本质是"有其诚则有其神，无其诚则无其神"，核心在一个"诚"字，"诚"是根本，具体的仪式只是"诚"的载体。天子以礼乐教化天下，对丧葬祭祀之礼要足够重视，以此教化民众，就可以"慎终，追远，民德归厚矣"。

　　宋代陈元靓《事林广记·警世格言》："人间私语，天闻若雷；暗室欺心，神目如电。"本义指人不要做亏心事，因为人的一举一动，神明都看得一清二楚。

　　南朝宋时期范晔《后汉书》记载：（杨震）四迁荆州刺史、东莱太守。当之郡，道经昌邑，故所举荆州茂才王密为昌邑令，谒见，至夜怀金十斤以遗震。震曰："故人知君，君不知故人，何也？"密曰："暮夜无知者。"震曰："天知，神知，我知，子知。何谓无知！"密愧而出。

　　译文：杨震在上任途中路过昌邑县，以前他推荐的荆州秀才王密，现在是昌邑县令。王密去拜见杨震，到了晚上王密怀中揣着十斤金子来送给杨震。杨震说："作为老朋友，我了解你，你却不了解我，这是为什么呢？"王密说："夜里没有人知道。"杨震说："上天知道，神明知道，我知道，你知道。怎么能说没有人知道呢？"王密惭愧地出去了。

　　由此可见，儒家经文中说的鬼神之道，本质上还是君子之道；至诚不自欺，在人所不知而己独知处存养本心，就是敬畏鬼神最好最妥当的方式。

　　此处的理解，可以参照《论语·学而》第九章：

　　曾子曰："慎终，追远，民德归厚矣。"

　　"慎终"的"终"指父母去世，去世是人生命的终点，一世终结，与生者阴阳两隔，再无相见之日。在送终的事情上有所遗憾，是无可追悔的，所以要谨慎尽其哀悼之情。

"追远"的"远"指祭礼，也就是我们常说的祭拜。比如自古中华丧葬习俗中，出殡日起三天圆坟，烧七（做七）一般烧单数，按丧事习俗，烧头七、七七，以死者儿子为主，称作有头有尾；三七，以死者儿媳为主；五七，以死者女儿为主。百天祭、周年祭、三周年祭、百年祭等，都属于祭拜的范畴。

活着的人相处，很容易因为利益而看不到人与人之间的深情厚谊。比如在日常相处中，一个人对另一个人很亲热，他这样做究竟是发自真心，还是因为有求于人，抑或是基于其他利益考虑，当事人没有办法真正弄清楚。而对于不在世的人来说，人已经走了，再多的深情厚谊也不会有什么回报，已经没有什么利益夹杂了，所以在"追远"中更能看出真感情。

"民德归厚"的"厚"是有余的意思，就像冬天穿棉衣，一件已经很暖和了，外面再披件大衣就更暖和了，再披件大衣就是"厚"的意思。对逝去者始终能心存有"诚"，尽其哀悼之情，就是良知天性的自然彰显。

治世者能在慎终和追远这两件事情上足够重视，就能教化民众，使公序良俗得以彰显，社会道德日趋笃厚。曾子说的"慎终，追远"，是指面对去世的人。我们学习的时候，不能仅局限于丧葬祭祀这些事情，要推而广之，事事皆要如此，即天下事都要做到"慎终，追远"。

【原文】

"《诗》曰：'神之格思，不可度思，矧可射思。'"

【老刘说】

"神之格思，不可度思，矧可射思"出自《诗经·大雅·抑》。"度"是揣度；"矧（shěn）"是况且；"射"是厌怠；"思"在此处是语气助词，无实意。先儒在注疏时对"格"字的理解是有歧义的，郑玄与朱子都把"格"字解释为"来临"，按照这个理解，"神之格思，不可度思，矧可射思"即神明莅临不可揣度，即便极尽诚意予以祭祀，也不见得能得天之佑，更何况厌怠不敬呢？

如果把"神之格"理解为"神明莅临世间"，则本句与下文"夫微之显，诚之不可掩"不对应。个人认为，把此处的"神"字，理解为"天命之谓性"的"天"，更为妥当一些。君子格物穷理便是参赞天地之化育。"神之格"即君子以至诚之心格物穷理，以此通达天命；"阴阳不测之谓神"，"不测"即"不可度思"。按照这个理解，"神之格思，不可度思，矧可射思"即君子以至诚之心格物穷理，以求通达天理大道，但天理大道阴阳不测不可揣度，即便极尽诚敬之意，也不见得能真正进入上达之境，更何况三心二意、厌怠不敬呢？

【原文】

"夫微之显，诚之不可掩如此夫！"

【老刘说】

"掩"指掩盖、遮蔽。"夫"在此处是语气助词，用在句末或句中停顿的地方，表示感叹，比如，子在川上曰："逝者如斯夫！不舍昼夜。"

孔子说："鬼神既不可见、不可闻，幽微难明，又能体物不遗地显著于世。天下的事事物物，只要是虚伪无实理的，最终都不能显著于世。儒家以诚为贵，所言的'鬼神'说到底只是个'诚'字而已。'诚'是实然之理，'鬼神'亦是实然之理，如果没有这个实理，也就没有所谓的'鬼神'了。'鬼神之为德者'归根结底只是一个'诚'字，只是这个'德'是从'鬼神'的角度来说的。天理流行于天地之间，无处不在，吉凶悔吝皆是其显著之处，所谓'积善之家，必有余庆；积不善之家，必有余殃'正是'不可掩'处。"

> 此处插入一段鬼神之道，亦有鸢飞鱼跃的意思，所以本章收尾说："夫微之显，诚之不可掩如此夫！"

【第十七章】

【原文】

子曰:"舜其大孝也与! 德为圣人,尊为天子,富有四海之内,宗庙飨之,子孙保之。"

【老刘说】

"保"指子孙后代能承保祭祀,周时陈国是舜之后代建立的。孔子说:"凡是为人子女的人,都应该尽孝事亲,但孝也分大小,做到舜这种程度,就算是大孝了。舜生知安行,修德到达圣人的境界,以圣人之德彰显父母,这是使父母脸上有光的极致;受禅让而贵为天子,以天子之尊位使父母被尊敬,这是让父母因己而贵的极致;作为天子富甲四海,以天下之富供养父母,这是养亲的极致;让自己的先祖享受天子之礼,受到宗庙级别的祭祀,这是光宗耀祖的极致;后世子孙封邦建国,血脉基业绵延不断,这是泽及子孙的极致。帝舜德福隆盛如此,从孝亲的角度来说,实在是远远超出了常情之外,所以称为'大孝'。"

【原文】

"故大德必得其位,必得其禄,必得其名,必得其寿。"

【老刘说】

"名"指闻名于世间。孔子说:"舜的德福兼隆的大孝,在常人看来是上天赋予的，殊不知'德'是福的根本，'福'是'德'的效验，二者如影随形，天理本来如此。有德自然有福，这就是《周易·系辞上》中说的'自天祐之，吉无不利'。舜既然有圣人的大德，天必佑之，必然能贵为天子，得到天下至尊的位置；必然能富有四海，得天下至厚之禄；必然能得到世间的称颂，得到显著的声名；必然寿元悠长，得到长久的寿数。"

【原文】

"故天之生物，必因其材而笃焉。故栽者培之，倾者覆之。"

【老刘说】

"笃"即加厚，在此处指上天在原有的基础上予以助力；"栽"是栽植；"培"是滋养；"倾"是歪斜、颓废；"覆"是覆败，《周易·系辞下》中说："德薄而位尊，知小而谋大，力少而任重，鲜不及矣！"不合于天理大道的存在，必然会为上天所倾覆和消灭。

孔子说："帝舜能获得如此的德福，并不是因为上天偏私，而是天理自然如此。天道化生万物，都是在其本然如此的基础上予以发展。只要它根本完固，生发之气合乎大道，上天就会栽培它，让它长大成材；如果它的根本不够完固，生发之气不足，不能合于大道，上天就会倾覆它。"由此可见，世间万物是被上天栽培，还是被上天倾覆，都由它的基础决定，并非是上天有什么偏私。

《周易》乾卦："乾道变化，各正性命。保合大和乃利贞。"可以与本句参照理解。

【原文】

"《诗》曰：'嘉乐君子，宪宪令德。宜民宜人，受禄于天。保佑命之，自天申之。'故大德者必受命。"

【老刘说】

　　"申"是"重复，一再"；"受命"指受命于天，贵为天子。

　　"嘉乐君子，宪宪令德。宜民宜人，受禄于天。保佑命之，自天申之"出自《诗经·大雅·嘉乐》，是赞美周成王之诗。孔子在此处引用是为了论证大德必受命之义，大意是说，嘉乐的君子，具备可以昭著的美德，既宜于在下的民众，也宜于在上位的人；以此承受上天赋予之禄，而成为天下之主，天命所归，必然会得到天命保佑，上天会一直保佑他，让他长享福禄。

　　孔子说："上天化生万物之理，《诗经·大雅·嘉乐》的诗句可以作为佐证。有大德的圣人，必然受到上天的眷顾和保佑，舜帝有大德，具备被上天栽培的条件，所以可以安享禄位名寿，这是理所当然的事情，又有什么可怀疑的呢？"

　　本章从盛德、尊位、大业的角度阐述舜之大孝，孝亲以修德为本，再从孝亲推广出去，"老吾老，以及人之老"，进而推广至治国、平天下的事业。

【第十八章】

【原文】

子曰："无忧者其惟文王乎！以王季为父，以武王为子；父作之，子述之。"

【老刘说】

这部分是说周文王的事情。

"王季"即季历，姬姓，名历，周太王之少子，周文王之父，周武王和周公旦之祖父。"武王"即周武王姬发，周文王与太姒的嫡次子，周朝开国君主。周文王时期，国力逐渐强大，"天下三分，其二归周"，周文王崩逝后，其子姬发继位，继承父志，在牧野之战中大败商纣王，建立周朝，定都镐京（今陕西西安）。克殷三年后（约公元前 1043 年），周武王驾崩，葬于周陵。

"作"是"创始，创新，创立"。"述"，《说文解字》解释为"循也"，本义是"循，顺行"，引申为"传述，传承，阐述"，"述"字在这里的意思是薪火相传、绵延不绝。

孔子说："自古君王创业守成，都难免心有忧虑，唯有周文王例外。对于江山社稷，如果前人没有打下基业，自己就必须承担开创的劳苦；如果后人不能承接大业，君王难免会为后继无人而忧虑。周文王的父亲王季积功累仁开创基业，周文王在父亲的基础上继承发扬，这是'父作之'；周武王继志述事，在周文王的基础上继续进取，把周文王想做但没做成的事情都做成了，这是'子述之'。"

【原文】

"武王缵大王、王季、文王之绪，壹戎衣而有天下。身不失天下之显名，尊为天子，富有四海之内，宗庙飨之，子孙保之。"

【老刘说】

这部分是说周武王的事情。

"大王"即公亶（dǎn）父，姬姓，名亶，周文王祖父，武王征商簋上的铭文称其为"檀公"，周武王建立周朝时追谥其为"周太王"。"缵（zuǎn）"是继续，继承；"绪"指功业；"戎衣"即盔甲之属，此处指周武王一身戎装，举兵伐殷商建立周朝大业；"壹"指武王继承周太王、王季、周文王三代人的大业，以有道伐无道，开创周朝近八百年基业。

孔子说："周朝自周太王创立基业，王季继承发扬勤政经营，到周文王时代日渐壮大，三分天下有其二，但创建大业的时机尚未成熟。周武王继承周太王、王季、周文王的功业，面对暴虐无道的商纣王举兵讨伐，除暴救民，建立周朝。以下伐上毕竟是非常之事，很容易进展不顺利，也会影响自己的名誉，但武王伐纣顺应民心民意，获得诸侯的支持、百姓的拥护，天下万民对此心悦诚服，人人对他爱戴赞美，使他的声望更加隆盛。周武王贵为天子，天下的臣民都爱戴他；坐拥四海赋贡，富甲天下。祖先享受宗庙的祭祀，子孙后代都继承他的功业，上天眷顾如此。"

周武王能创立周朝拥有天下，一则是继承祖宗之基业勤勉努力，二则是顺应天命之不可违。这就是"父作之，子述之"的善述之孝。

郑玄在对此句注释时，认为古齐人的"殷"与"衣"同音，"壹戎衣"即"壹戎殷"，但周武王先观兵于孟津，后灭纣，至少两次身着戎装出征，理解成"壹戎殷"是不够严谨的。

【原文】

"武王末受命，周公成文武之德，追王大王、王季，上祀先公以天子之礼。斯礼也，达乎诸侯大夫，及士庶人。父为大夫，子为士，葬以大夫，祭以士。父为士，子为大夫，葬以士，祭以大夫。期之丧，达乎大夫。三年之丧，达乎天子。父母之丧，无贵贱一也。"

【老刘说】

这部分主要是说周公的事情。

孔子说："周武王晚年才秉受天命成为天子，享国的时间非常有限，仓促之间，很多事情都来不及做。直到周公辅佐成王继位的时候，按照文王和武王天子礼乐治天下的德治思想，建立体系完整的礼制。追谥太王、王季为王，又用天子之礼去祭祀历代祖先。而且将这种礼制推行到诸侯、大夫、士和庶人。按照这种礼制，如果父亲是大夫，儿子是士，父亲死后用大夫的礼制安葬，儿子祭祀时则用士的礼制；如果父亲是士，儿子是大夫，父亲死后用士的礼制安葬，儿子祭祀时则用大夫的礼制。服丧一周年的礼制，从庶人实行到大夫为止；为父母亲服丧三年的礼制，从庶人一直实行到天子。为父母亲服丧，没有贵与贱的区别，天子和庶人都是一样的。"

【第十九章】

【原文】

子曰："武王、周公，其达孝矣乎！"

【老刘说】

"达"是通达；"达孝"指孝行达于天下，天下人都能践行自己的孝道，也就是《大学》中说的"明明德于天下"。

孔子说："一般人的孝，只有自己家人和街坊邻居知晓，影响面不会太广；而周武王和周公这样的人，不仅自己能尽孝道，又能制定礼制，让天下人无论贤愚都能尽其孝道，这是通达于天下的孝。"

【原文】

"夫孝者，善继人之志，善述人之事者也。"

【老刘说】

"人"指先人，"继人之志"指继承先人遗志，譬如周文王有志伐纣，周武王能继而承之，遂了周文王的心愿，举兵伐纣，创立周朝。"述人之事"指对先人的思想薪火相传，譬如周文王的治世思想是以德治天下，周公定礼制把这件事情发扬光大。

孔子说："说周武王和周公能达孝，是因为这两个人能继承先人遗志并将其思想发扬光大。先人心心念念想完成的事情，限于时势等因素无法完成，会希望后人能继续完成，周武王和周公能接续先人的遗志，完成先人未竟的事业，这是继承其志。先人刚成型还未推行的思想，会希望后人能发扬光大，周武王和周公能继承和发扬先人的思想，使其得以彰显落实，这是善述其事。"

【原文】

"春秋修其祖庙，陈其宗器，设其裳衣，荐其时食。"

【老刘说】

"春秋"指祭祀之时，一年四季都是要祭祀的，不仅仅在春季和秋季，这里说"春秋"是指一年四季都是如此。"修"指修缮打扫等；"宗器"即祭器；"裳衣"即先祖遗留的衣服等；"时食"指四时之祭。

孔子说："在祭祀的时节，修缮打扫祖庙，使其干净整洁，按照次序和位置陈列好祭器，摆设好先王遗留下来的衣裳等，祭祀的时候要授尸，即由人化妆后穿上先王的衣裳充任尸主接受祭祀，这样不仅能让先王精神有所依，也能让人们在如先人亲临中寄托思念。祭祀时供奉时令鲜食，这样不仅能让魂灵有所享，还能告知时序之变化。"

【原文】

"宗庙之礼，所以序昭穆也；序爵，所以辨贵贱也；序事，所以辨贤也；旅酬下为上，所以逮贱也，燕毛，所以序齿也。"

【老刘说】

"序"指排次序。"昭穆"一般指宗庙中神主牌的次序，延伸到民间，指祠堂神主牌的摆放次序。例如，始祖居中，左昭右穆。二世为昭，三世为穆；四世为昭，五世为穆；六世为昭，七世为穆。先世为昭，后世为穆；长为昭，幼为穆；嫡为昭，庶为穆。

"爵"指公、卿、大夫、士等，"序爵"指在祭祀之时，按照公、卿、大夫、士的地位不同安排位置助祭。

"序事"指对祭祀之事进行工作分解，将不同工作分派到不同人员身上，譬如司徒奉牛、司马奉羊、宗伯供鸡等。

"旅"指众人；"酬"即酬酢，指宾主互相敬酒。"旅酬"即祭祀之后众人相互敬酒。"贱"指地位低的人，并无贬义，在此处指祭祀活动中承担具体工作的人。"逮贱"指祭祀活动之后的宴饮环节中，地位低的人按照次序向地位高的人敬酒，地位低的人先饮为敬。"燕"即宴饮，"毛"指毛发的颜色，"序齿"即按照年龄排次序。"燕毛，所以序齿也"指按照辈分和年龄排序。

孔子说："宗庙供奉的神主牌摆放非常严格，必须按照昭穆的次序放置。在祭祀宗庙的日子，子孙后代都要来参加祭祀活动，严格按照辈分高低和年龄大小进行排列，秩序井然。参加陪祭的臣属，按照爵位高低排序，不可僭越。祭祀活动必然有很多具体的工作，需要有具体的人来承担，给贤能、熟练的人分派具体工作，把不贤的人排除在外。祭祀活动完毕后的宴饮环节中，主人和宾客互相敬酒。因宗庙之中以有事为荣，对于在祭祀活动中承担具体工作的人，要用敬酒的方式给予肯定和认可。宾客退场之后，自家人单独宴饮，这个时候不论地位高低，只按照辈分和年龄排座次。也就是说，有外人在和没有外人在的宴饮是有所区别的。"

> "序昭穆"是亲亲，"序爵"是贵贵，"序事"是贤贤，"逮贱"是下下，"序齿"是老老。一个祭祀之礼就如此周悉。

【原文】

"践其位，行其礼，奏其乐，敬其所尊，爱其所亲，事死如事生，事亡如事存，孝之至也。"

【老刘说】

"践"是践履;"所尊"是先王的祖考;"所亲"是先王的子孙臣庶;"其"指先王。

这一句是总结前文。周武王和周公所定的礼制,既好又完备,这正是"善继人之志,善述人之事"的最好彰显。孔子说:"先王祭祀天地鬼神,所行必有礼,所奏必有乐。现在周武王和周公祭祀的时候,所践履的是先王祭祀天地鬼神的位序,所行的是先王使用的礼仪,所奏的是先王使用的音乐。先王的祖考是先王所尊崇的,而今祭祀的时候,像先王崇敬自己的祖考一样予以崇敬;先王的子孙臣庶是先王所亲厚的,而今祭祀的时候,同样爱先王之所亲。由此可见,周武王和周公事奉先王无微不至,先王虽然已经不在人世了,事奉他如同他还活着一样;先王虽然已经亡故了,事奉他如同他还留存于世一样,这才称得上是孝之极致。"

【原文】

"郊社之礼,所以事上帝也。宗庙之礼,所以祀乎其先也。明乎郊社之礼、禘尝之义,治国其如示诸掌乎!"

【老刘说】

"郊"指祭天;"社"指祭地;"上帝"即上天,在这里指上天后土;"禘(dì)"是周制祭祀的一种,一般有两种情况:一种是旧天子驾崩,其神主牌(灵牌)入庙,这个时候必须先大祭于太庙,上自始祖,下及历代之祖都要祭祀,这种祭祀也叫吉禘;另一种是每五年一次的常规禘祭。"尝"是秋祭,在此处也指其他的祭祀之礼。

孔子说:"周武王和周公所制定的祭祀之礼,有郊社之礼事奉上天后土,祭祀天地覆载生成之德。有宗庙之礼,祭祀先祖,尽报本追远之诚。能明白社郊之礼、禘尝之义,也就明白了治国、平天下的道理,治世就像置物在自己的手掌一样。"

本句的理解，可以参照《论语·八佾》第十一章：

或问禘之说。子曰："不知也；知其说者之于天下也，其如示诸斯乎！"指其掌。

孔子主张以礼治天下，治世者学礼要知道礼的意义所在，并要将其用好。有人问关于禘礼的事情。孔子不认可鲁国的禘礼，又不便明说，所以圣人说的"不知也"并不是真的不知道。"示"是指示，指把事物摆出来或指出来让人看到；"天下"在这里指治理天下的道理，不是指治理天下的具体操作。孔子先说不知道，然后又指着自己的手掌说："真正知道禘礼道理和意义的人对于治理天下道理的了解，就像对它的了解一样。"

指手掌有两层意思：一是通此理之后，天下事如同在手掌上一样一目了然；二是通此理之后，治理天下如掌中物一样是可以把控的。

学"礼"要知道"礼"的完整意义，这样才能真正地以礼治国。孔子说懂得了禘礼对治天下就了如指掌了，该怎么理解呢？

《礼记·祭统》云："凡治人之道，莫急于礼。礼有五经，莫重于祭。"又云，"祭者，教之本也。"礼乐教化以祭礼为本。禘礼作为重大祭礼，是有足够代表性的。

禘礼意义和作用有以下三点。

一是治世的伦理秩序。《礼记·祭统》云："夫祭有十伦焉：见事鬼神之道焉，见君臣之义焉，见父子之伦焉，见贵贱之等焉，见亲疏之杀（shài）焉，见爵赏之施焉，见夫妇之别焉，见政事之均焉，见长幼之序焉，见上下之祭焉。此之谓十伦。"祭礼十伦基本涵括了治世伦理观念和家族伦理观念。十伦之中，"夫妇、父子、长幼、君臣"为最基本的人伦，其余是在此基础上衍生出来的。禘礼作为祭礼的代表，用处在于确立了人世间合道循理的现实秩序。伦理秩序稳定和谐，国家自然安定。

二是上下的修德养心。朱熹在《论语集注》中说："先王报本追远之意，莫深于禘。非仁孝诚敬之至，不足以与此。"作为主祭人的君王，必须具备"报本返始"的仁孝之心，诚敬之德，才能做好禘礼这件事。所以《礼记·祭统》说："敬尽然后可以事神明，此祭之道也。"禘礼对君王的修身极具意义。

禘祭之礼隆重宏大，庄重之至，对民众的教化意义非常大。君王以身作则，就能"使民敬、忠以劝"，推而广之，人民能讲信修睦，结果就是社会和谐、国家太平。

作为最上面的君王，要有君王的样子，君王能以己正人，下面的人就都能正了；如果做君王的没有君王的样子，就会"上梁不正下梁歪"。禘礼是全国民众观君王的时机，也是君王把自己彰显出来的时机，所以禘礼对君王是非常重要的。

三是知天下大势。禘礼是在天下大定之后的祭祀仪式，禘礼中作为主祭人的君王，要向神明和先祖述职，内容包括：天下大势、九州物产、四方民情、君臣之序、政治得失等。要论证自己为政的功绩，常见的就是富民强国、政通人和、礼乐文明、天下太平这些。一次禘礼就是一次君王的述职，汇报对象是神明和先祖，因而必然要做足功课，不能随便糊弄。所以，禘礼对君王盘点当下，制定未来的方针政策，具有重大且深远意义。

> **以礼治天下和以孝治天下是有区别的。**
>
> 秦汉之后，主张以孝治天下的比较多，殊不知如果孝而违礼，最后也会陷入不仁，不仁则不足以为孝。礼是天理在世间的彰显，合道循理才能符合大众心中的正义尺度。而"孝"侧重于家庭内部关系，相对"礼"来说要小一些。所以，北宋英宗时期的濮议之争，明朝的大礼议之争，对国运的影响都非常深远，本质上都是孝而不仁导致的。
>
> 中华文化中的祭祀，是"祖宗虽远，祭祀不可不诚"的诚敬精神的体现。传承是教育的问题，保护传统文化，使后代知道自己的民族传统，是我们每一个中华儿女的责任和义务。

【第二十章】

【原文】

　　哀公问政。子曰："文武之政，布在方策。其人存，则其政举；其人亡，则其政息。"

【老刘说】

　　"哀公"是鲁哀公。"方"是木版，"策"是竹简。"方策"指典籍史册等，在这里指周文王和周武王为政之道的具体内容，都写在方牍简策之中。

　　鲁哀公请教孔子人君为政的道理是什么。孔子回答说："君王想要把为政这件事情做好，只需要效法先祖就可以了，不必远求。周文王和周武王，是开国的圣君，又有周公、召公等贤德之臣辅佐，所施行之政都是斟酌再三的，具体的政教和实施情况等，在现存的木版竹简中都可以找到。只是施行这些政令的君臣都已经不存于世了。如果当今有周文王和周武王这样的君王，有周公、召公这样的贤臣，当时施行的政教在当今也是行得通的，当年治世的盛况必将重现于世。如果没有那样的圣君贤臣存在，那样的政事也就废弛了。"

　　写在方牍简策中的纲纪法度等，都只是文字而已，是不能自动实施的。由此可见，立政不是什么难事，按照以前的政令抄写就可以了，关键在于要有合适的人予以实施。君王治国，得人为贵，上有励精图治之君，下有实心贤德之臣，如此则纲纪得立，废坠得举，让国家繁荣只是一件简单的事情。

否则，即便有再好的政教之法，也只能停留在纸面上，毫无意义。

【原文】

"人道敏政，地道敏树。夫政也者，蒲卢也。"

【老刘说】

"人"在此处指君臣；"敏"本义是"快速勤勉"，在此处指事情进展快速良好；"树"指草木生长；"蒲卢"指蒲草与芦苇。

孔子说："上有明君，下有贤臣，这就是得人。明君怀其德用其德，贤臣怀其才使其能，德和才相宜相合，这样才是最适宜的君臣关系，也只有这样国家机器才能运行良好。君臣上下一心，皆能合于大道，为政从天命之性出发，必然近无不服，远无不从，治政的良好效果迅速呈现，这就是'人道敏政'。土壤肥沃之地，无论种植什么草木都能长势良好，这就是'地道敏树'。周文王和周武王治政也只是如此，先得人后行政，政事上合天理下合人情，内容简单易行，效果怎么可能不快速显现呢？就像蒲草与芦苇这样最容易生长的植物，种植在肥沃的土地上，又怎么可能不繁茂生长呢？"

关于"蒲卢"，郑玄注："蒲卢，螺蠃，谓土蜂也。《诗》曰：'螟蛉有子，螺蠃负之。'螟蛉，桑虫也，蒲卢取桑虫之子去而变化之，以成为己子，政之于百姓，若蒲卢之于桑虫然。"古人认为螺蠃不产子，于是捕螟蛉回来当作义子喂养。按照这个思路，"夫政也者，蒲卢也"可以译为：善于为政的君王，可以化养他民为己民，就像把义子养得像亲生儿子一样。这显然和上下文的意思不够贴合。因此采用朱熹先生《四书章句集注》中的记法："蒲卢，沈括以为蒲苇是也。以人立政，犹以地种树，其成速矣，而蒲苇又易生之物，其成尤速也。言人存政举，其易如此。"

【原文】

"故为政在人，取人以身，修身以道，修道以仁。"

【老刘说】

"人"在此处指贤臣；"身"指君王修德于身，若以怀德用德容蓄贤臣，则贤臣皆能和君王结合良好；"道"指天下之达道。

孔子说："为政之道在于得人治事，任何事情都需要有具体的人去落实才有意义，无论多么好的政略，如果没有合适的贤臣去落实执行，就是毫无意义的，这是治政的常识。为君王者，要想像周文王、周武王一样治理天下，必须会识人用人，之后才会纲纪有序、法度严整，为政之事畅达亨通。君王是臣下的表率，如果想让贤德之人心悦诚服地为其所用，就必须先修好己德。行止语默皆是己德的彰显，为君者能做到好恶取舍皆得其宜，贤德之人才能心甘情愿地为君王效力。修身的落脚点在五伦关系之中，在君臣、父子、夫妇、兄弟、朋友的伦理关系中，言行举止皆能合宜妥当，修身这件事情就圆满了。达道于天下只是尽本心之天德，从天命之仁出发，从修己安人到修己安百姓，真心实意地去运用自己的天命之仁。以仁修道，以道修身，则明君自成，以这样的君德识人用人，则天下贤德皆能为君所用，治国平天下又有何难呢？"

> "修道以仁"，此处用"仁"字，包含有温厚慈祥之意，即仁者爱人的道理，与下文的"亲亲为大"相呼应。

【原文】

"仁者，人也，亲亲为大。义者，宜也，尊贤为大。亲亲之杀，尊贤之等，礼所生也。"

【老刘说】

"仁"和"义"是儒家的根本概念，以此为主题的文章不胜枚举，但大多数人完全看不懂，甚至不看之前还明白，看了之后就完全糊涂了。

"仁"和"义"究竟该怎么去理解？要从《易经》入手，按照"仁"对应乾卦，对应"大哉乾元！万物资始，乃统天"；"义"对应坤卦，对应"至哉坤元！万物资生，乃顺承天"来理解。"资始"是从"无形"层面说的；"资生"是从"赋形"层面说的。所以"仁"侧重指形而上的开始，"义"侧重指形而下的具体行为。

"仁"侧重形而上的开始，即侧重指发心动念，比如麻木不仁、仁人志士、妇人之仁等，都是从心念发动处说的。"义"侧重指形而下的具体行为，比如不义之财、不义之举等，都在看得见、摸得着的范畴。"不仁不义"的"不仁"是说这个人是坏心眼，"不义"是说这个人做出来的事情不地道。

"仁"和"义"是一体的，就像一棵树，根是生发之处，对应"仁"；地面上能摸得着、看得见的部分，对应的是"义"。不能从中间砍一刀，说地面上的算是一个，地面下的算是一个。因为中间砍一刀的结果，就是一棵健康的树变成了没有生机的死树。失去了"天地之大德曰生"的基础，谈仁义是毫无意义的。"仁义"二字贯穿所有儒家典籍，从这个角度去理解和印证，书自然就能看懂了。

> 这里要注意，"仁之本"和"行仁之本"不是一回事。"行仁"是"仁之用"，即把这个"仁"行出来，比如看到这人实在太可怜了，恻隐之心发动，想去帮他的念头涌现出来，这是"行仁"，这是从"仁之用"的角度说的，所以说行仁以孝悌为本。

"亲亲为大"的前一个"亲"字做动词，指爱护；后一个"亲"字做名词，指亲人。"杀（shài）"字在此处是递减的意思；"贤"指明白事理的贤德之人。

孔子说："'仁'不是外来的，是人生于世间天命所赋予的本性使然，是与生俱来的恻隐慈爱之心，这是人之所以为人的根本所在。'仁'虽然无所不亲，但其初始处是从亲爱自己的亲人开始，把亲爱自己亲人之心推而广之，才能行仁道于天下众人，所以说'亲亲为大'。有仁必有义，义不是靠外力强迫。凡事都有当然不易的道理在，按照这个道理行事就是合道循理而行，义只是合道循理的妥当合宜。对于明白事理的贤德之人，要予以尊敬，这是因为贤德之人明白事情背后的所以然，能说明白其中道理，知晓如何做才妥当合宜，尊敬这类人本质上就是尊敬道理本身，所以说'尊贤为大'。然而，在亲亲这件事情上，也是有亲疏远近分别的，譬如对自己父母的亲爱程度显然要高于对其他亲人的；在尊贤这件事上也是同样的，譬如对大贤的尊重是以师待之，对小贤的尊重是以朋友待之。在亲亲和尊贤方面区别对待就是循理，而循理就是'礼'生发之处。"

"亲亲"既包含仁爱从亲人开始，也包含表达仁爱的方式方法需要从最亲近的人处学习的意思。如果空有一颗仁爱之心，却不知晓如何亲人，往往会适得其反。譬如狼靠吃肉活着，羊靠吃草活着，强迫别人按照自己认为的道理活着，这无异于逼狼吃草，逼羊吃肉，这不是仁爱。

【原文】

"在下位不获乎上，民不可得而治矣。故君子不可以不修身。思修身，不可以不事亲；思事亲，不可以不知人；思知人，不可以不知天。"

【老刘说】

"思事亲，不可以不知人"的"知人"，意思与"知人则哲"相同，自己交往的人如果不是好人，最终难免累及亲人，这显然与事亲尽孝背道而驰。"知天"即知晓天理常道；能知天，则知人、事亲、修身，皆能得其理。

孔子接着说："上位者治政的关键在于人才，能让人才为己所用的关键在于自身之德。贤德之才不会心悦诚服地追随一个行为不端的人，君子要想有所作为就必须从修身开始。修身以道，修道以仁，亲亲为仁之大。可见事亲尽孝是修身的首要之事，如果做不到善事其亲，分不清亲疏远近，又怎么修身呢？

"所以，要想把修身这件事情做好，先要做到善事双亲；要想把事亲尽孝这件事情做到妥当合宜，就必须知晓其背后的道理；要想搞清楚这些道理，就要尊敬明白事理的贤德之人，结交良友，'友直，友谅，友多闻'经常请教贤人良友，向他们学习事理人情，与贤人良友印证自己所学所悟，这样才能进德修身。如果不能尊贤取友，谁为自己讲明白事情背后的义理呢？是非对错面前，谁能帮自己指正呢？有错不知，入歧途不晓，最后难免会累及亲人。所以，想尽孝之道，不可以不知人识人。对待亲人有亲疏厚薄的分别，尊贤敬德亦有等级高低的分别，天理如此。按照天理秩序亲所亲、尊所尊，才算是合道循理而行。所以，要想知人识人，不可以不知天理。修身是根本，知修身乃知孝，知孝乃知人，知人乃知贤不肖，知贤不肖乃知天命所佑。"

对"知人"的理解，可以参考《论语·季氏》第四章：

孔子曰："益者三友，损者三友。友直，友谅，友多闻，益矣。友便辟，友善柔，友便佞，损矣。"

"谅"字此处指"表里如一，诚实不欺"。

"便（pián）辟"中的"便"是"善于、习于"的意思，"便僻"即善于伪装而内心不正，与"友谅"的"谅"字意思正相反。

"善柔"即工于媚悦，也就是性格懦弱，自己完全没主见，一味迎合别人，你做坏事他即便感觉不对，也不反对，甚至跟着一起做。此类人必定不能坚持原则，更不可能持守直道。

"便（pián）佞"指巧言善辩，这不是说某人博学多才，而是说他善于耍小聪明、讲歪道理。

孔子说："在成德的路上，有朋友相携共进彼此印证是不可或缺的，而交友这件事情的关键在于选择。有益于我的朋友有三类，有损于我的朋友也有三类。三类益友包括：心直口快、无所回护的人；信实不欺、表里如一的人；博古通今、见多识广的人。与心直口快的人为友，其可以直言自己的过失，让自己日进于善，时时有警醒，不敢懈怠；与表里如一的人为友，可以消除自己的邪妄之心，让自己日进于诚，不自欺亦不欺人；与见多识广的人为友，可以增长自己的见识，扩大自己的视野，让自己日进于明。

"三类损友包括：装模作样、表里不一的人；曲意奉承、毫无原则的人；巧言善辩、满嘴歪理的人。与表里不一的人为友，不但不能得到闻过则改的益处，相处久了还会使自己变得轻浮放荡、虚伪可憎；与曲意奉承的人为友，不但不能得到进德长善的益处，相处久了会与其同流合污，最终难免堕落下流；与巧言善辩的人为友，既不能增长自己的见闻，也不能提高自己的认知，相处久了会越来越善于耍小聪明，为了口舌之快最终难免沦为肤浅短视之徒。"

《周易·系辞上》："方以类聚，物以群分，吉凶生矣。"人能审慎择友，亲近益友，远离损友，则吉凶悔吝之事，不言而喻。从治世的角度来说，治世者人际关系的远近厚薄关乎重大，不可不谨慎。与正人亲近，所闻皆是正言，所见皆是正行；与不正人亲近，看到的皆是僭规越矩之行，听到的皆是阿谀逢迎之辞。此不可不辨也。

【原文】

天下之达道五，所以行之者三。曰君臣也，父子也，夫妇也，昆弟也，朋友之交也：五者，天下之达道也。知、仁、勇三者，天下之达德也，所以行之者一也。

【老刘说】

"达"是通达，"达道"的落脚点在事情上；"达德"的落脚点在自己身上。"昆弟"即兄弟。

古今天下，世间人行事所共由的常理有五个，即"五达道"；人按照天理常道行于世间的道理有三个，即"三达德"。五达道包括君臣、父子、夫妇、兄弟、朋友，君臣关系侧重于"义"字，父子关系侧重于"亲"字，夫妇关系侧重于"别"字，兄弟关系侧重于"序"字，朋友关系侧重于"信"字。这五个是人之大伦，从古到今，天下人行于世间所共由的道理无外乎于此，就如同人所通行的大路一样，所以说是"天下之达道也"。三达德包括智、仁、勇，无智不能识其理，有智则明睿，明睿则能知此道；无仁不能安其事，有仁则无私，无私则能体此道；无勇不能果其行，有勇则果敢，果敢则能强此道。智、仁、勇三者都源自天命之性，从古至今，天下人皆被先天赋予，只要能复其本体，就能实现己德圆满，所以说是"天下之达德也"。要想达道必须先达德，而达德只是一诚而已。

> "诚"只是个"毋自欺"，也就是自己不骗自己。能做到一个"诚"字，才能真实无伪，"智"是实智，"仁"是实仁，"勇"是实勇，在这个基础上，达道只是个水到渠成的事情；如果不能做到真实无伪，就会自己骗自己，虚诈矫伪，所得非真，又谈何进德呢？不能进德又怎么能达道呢？因而说"所以行之者一也"。

本句的理解，可以参照《论语·子罕》第二十八章：

子曰："知者不惑，仁者不忧，勇者不惧。"

"知"通"智"，"惑"是疑惑。智者明道达义，洞悉阴阳消长之变化，所以能不为事物所惑。

"忧"是忧患，仁者合道循理，所思所虑皆合于大道本然，对成败得失只是物来顺应，能役物而不为物所役，所以能不被烦忧所扰。《大学》说"有所忧患，则不得其正"，心能正自然无所忧患。

"惧"是恐惧。勇者志道直前，即孟子所说的有浩然之气充盈心中，能"自反而缩，虽千万人，吾往矣"。这种人面对千万人亦能勇往直前，又怎么会心有恐惧呢？

成德以仁为先，进学以知为先，这是"诚则明，明则诚"，二者功夫都做到了，"勇"只是水到渠成的事情。此处说的"勇"是义理之勇，并非血气之勇。

孔子说："人之所以会心有疑惑，是因为见理不明。智者对天下的道理都能明白透彻，遇到事情，无论如何隐微曲折，都能洞悉分晓。面对疑难的事情能迅速看清本质，直指根本；面对巧诈的言语能迅速洞悉言语后面的真相，不会被牵着鼻子走。智者理即是心，心即是理，是'建诸天地而不悖，质诸鬼神而无疑，百世以俟圣人而不惑'之人，能明道达义，又有什么疑惑呢？人患得患失是因为被好名好利好色的私欲牵累，如果能放下'人道求有'之心，就不会为忧患所困扰。仁者能克己复礼，本心与天理浑然一体，绝无私欲遮蔽牵累，所以能顺理安行，不会萌发外慕之念，即便处于贫贱、夷狄、患难之中，亦能素位而行，无入而不自得，又有什么忧烦呢？人之所以恐惧是因为正气不足。勇者胸中有浩然之气，所以能不屈不挠，遇到事情能奋发果敢，当行便行，当断便断，有始有终，丝毫无畏缩逃避之意。即便面对利害毁誉、生死荣辱，亦能以一腔正气应对，又有什么恐惧呢？"

从治世的角度来说，智、仁、勇三者，是治世者必修之德，齐家、治国、平天下皆本于此。有智才能不惑，然后足以洞悉内外上下；有仁才能不忧，然后足以居天道以治人道；有勇才能不惧，然后足以果敢裁决万机。

【原文】

或生而知之，或学而知之，或困而知之，及其知之一也。或安而行之，或利而行之，或勉强而行之，及其成功一也。

【老刘说】

"知之"指知此而达道；"行之"指行此而达道。

人的天命之性虽然相同，但人与人之间的天资禀赋是有差异的。从"知此理"的角度来说，有的人天性聪明，不用学习自然就能知晓；有的人资质差一些，需要通过学习印证才能知晓；有的人资质更差一些，临事不能妥当应对而屡遭困苦，为了解决烦恼不得不追寻背后的道理。这三类人，虽然闻道有先后，入道的动机不同，但知晓之后，豁然贯通义理，得到的东西是一样的。所以说及其知之一也。从"行此理"的角度来说，有的人天生德性纯粹，不需要如何用力做心性功夫就能安然行之；有的人真切知晓此理的利好之处，在利好的牵引下去行此理；有的人因为担心不行此理会走上恶途，甚至招致灾祸，所以勉强自己尽力去行此理。这三类人，虽然行道有难易分别，但践履纯熟，所行成功的时候，得到的都是一样的。所以说"及其成功一也"。

对这里的理解，可以参照《论语·季氏》第九章：

孔子曰："生而知之者上也，学而知之者次也；困而学之，又其次也；困而不学，民斯为下矣。"

孔子说："人的天资禀赋各有不同。有的人天生就能对义理不学而知，这是清明在躬、廓然大公的圣人，属于上等资质者。有的人不能生而知之，需要通过讲求习学，笃实做为学功夫，才能知晓义理，这样的人禀天地清纯之气较多，但其中夹杂有一些杂质，这是次一等资质者。有的人刚开始不知道为学修身这件事情，后来处处碰壁，困顿无助中追寻解决的办法，然后走上为学修身这条路。这种人禀天地清纯之气较少，杂质较多，想去除浊复清较为艰难，必须笃实做心性功夫，这是又次一等资质者。有的人已经陷入穷困愤懑，还安于蒙昧，不知发愤图强、务学求通，这种昏愚蠢浊的人是无可救药的，就算和圣贤比邻而居，也是没办法教化的，最终难免归于凡庸，这是最下等资质者。"

生知安行，以知为主，不能真知就做不到真行；学知利行，以仁为主，着实用力才能知行合一；困知勉行，以勇为主，不能勇毅向前，难免半途而废。

"或利而行之"可以参照《论语·里仁》的"仁者安仁，知者利仁"来理解。

《周易·文言·乾》曰："君子体仁，足以长人。"能做到安贫乐道与富贵不淫都是很不容易的，只有回归天命赋予的本性，才能做到在贫贱富贵之际，得意失意之间，乐天知命，安之若素。"仁者安仁"的前一个"仁"是形容词，指本性能合于大道；后一个"仁"是名词，指仁道，这个仁道是上天赋予人的与生俱来的；"安"指所安之处，"安仁"即天性仁者能安居于仁道中，安而行之只是个自然而然的事情。

"仁者安仁"是个理想状态。达到"尽心知性知天"的境界，良知充盈纯粹，无丝毫私欲遮蔽，能自诚而明，便是安仁。仁者温淳笃厚，义理自然具足，从发心动念到具体行事只是按照本性而为，信手为之就能合道循理，即孟子说的"动容周旋中礼者，盛德之至也。哭死而哀，非为生者也。经德不回，非以干禄也。言语必信，非以正行也"。

"知者利仁"的"知"本义是"知晓、清楚"，在这里指具备分辨是非的能力，所以能求其"是"而去其"非"；"者"指"天命之性"；"利"是"对……有利"。"知者利仁"即"知仁为美，故利而行之"，也就是说，还做不到完全没有私欲遮蔽，同时也非常清楚没有私欲遮蔽的利好之处，所以就千方百计要去除私欲遮蔽，这就是"利仁"，即"自明而诚"。

"安仁"和"利仁"是有区别的，"安仁"是达到完全合一的境界，本性发用流行自然而然、一以贯之，所以说个"安"字；"利仁"是没有到达完全合一的境界，所以说个"利"字，还处于把"仁"当作度量标准，凡是合乎这个标准的就去做，不合乎这个标准的就不做。从人物角度来说，颜子、曾子是"仁者安仁"的水平，子夏、子贡是"知者利仁"的水平。

【原文】

子曰："好学近乎知，力行近乎仁，知耻近乎勇。"

【老刘说】

这句是在说如何"达德"。

孔子说："人的天资禀赋有所不同，但通过后天努力可以改变。譬如天资愚笨的人，如果肯笃志好学，博学于文，对古今事物之理，都能认真钻研，经常向比自己水平高的人印证所学，不肯安于不知，必然会闻见日广，聪明日开；即便没有达到通智明道的境界，也不至于堕入昏昧愚蠢的境地。自私自利的人多是因为私欲遮蔽良知，如果能勤勉自强，事事时时省察克治，认真做心性功夫，使遮蔽渐去，心性渐复，即便没有达到体道复仁的境界，也不至于被私欲完全遮蔽。懦弱的人如果能知晓自己不如人的地方，常存愧疚羞耻之心，不肯自暴自弃，即便没有达到任道大勇的境界，也不至于变得薄志弱行。"

【原文】

"知斯三者，则知所以修身；知所以修身，则知所以治人；知所以治人，则知所以治天下国家矣。"

【老刘说】

"斯"是此；"三者"指"好学近乎知，力行近乎仁，知耻近乎勇"。

孔子说："人切实知晓了好学、力行、知耻这三件事，也就知晓了修治其身的道理；知晓了修治其身的道理，也就知晓了治人的道理；知晓了如何治人，推而广之，也就明白了治理国家的道理。"

修身是明明德于己身，治国平天下是明明德于国家天下；人与人虽然有个体的分别，但天命之性是差不多的，自己的道理即是他人的道理，知晓自己修身之理，也就知晓了治人之理；国家天下由一个个人组成，知晓了治人之理，也就知晓了治国平天下之理。修身只是尽己之道；治人只是使人尽其道；治国只是使国家尽其道。治国平天下的要点是修身，可见修身是致治之本。

【原文】

凡为天下国家有九经，曰：修身也，尊贤也，亲亲也，敬大臣也，体群臣也，子庶民也，来百工也，柔远人也，怀诸侯也。

【老刘说】

"经"指常道；"体"指体贴、接纳，设身处地为人着想；"大臣"指中央的主要官员，譬如汉朝三公九卿等，相当于现在说的领导层；"群臣"指百官，在这里侧重指除大臣外的其他官员等，相当于现在说的管理层和执行层；"子"指爱民如子，其中道理很简单，有人才有权力，人没了权力也就毫无意义了，君王能得到天下民众的支持，皇权才能强大稳固，所以君王治世最大的敌人是以权谋私的官吏；"百工"即百工之业，相当于现在所说的发展完备的工业体系；"远人"指藩国诸侯等。

大凡人君治国，要想万世不易，就必须遵守九个常道。一是修自己的身，君王自身的言行万众瞩目，必须要做到足以为天下表率才可以。二是尊礼贤人，使贤德之人成为自己修己治人的助力。三是亲爱自己的亲族，使己家成为天下齐家的表率，对待自己的亲人要有亲爱之心。四是对大臣要以礼相待，不可有轻慢之心。五是体悉群臣，能设身处地地为下臣着想，体会他们的难处和不易，不能过于苛刻薄凉。六是爱民如子，乐民之乐，忧民之忧，就像对待自己的儿女一样爱护民众。七是发展百工之业，以资国用；八是对藩国诸侯等采取安抚怀柔的政策，对使节等加意①款待；九是怀服四方的诸侯，让他们与自己一条心，不生离叛之意。这九点是从古至今治世的常道所在，要

---

① 加意指特别留意，非常留心。

想兴道致治，必由此路，所以称为"九经"。

"九经"是有自然顺序的，作为君王，国家之本牵于一身，所以修身是九经之首。人必须通过博文约礼、亲师取友印证自己所学，才能修身进德，所以"尊贤"排在"修身"后面。修身是"修己安己"之事，必须经过"修己安人"的过程，才能到达"修己安百姓"，按照这个次序，修身之后是齐家，齐家之后才是治国平天下。所以"亲亲"放在"尊贤"后面，之后是从近臣到远臣的次序，即"敬大臣"之后是"体群臣"。由朝廷扩充至国内民众，所以"子庶民"和"来百工"放在体群臣后面。由国内扩充至国外，所以"柔远人"和"怀诸侯"放在"九经"最后。

【原文】

修身则道立，尊贤则不惑，亲亲则诸父昆弟不怨，敬大臣则不眩，体群臣则士之报礼重，子庶民则百姓劝，来百工则财用足，柔远人则四方归之，怀诸侯则天下畏之。

【老刘说】

这一节是在讲"九经"的成效。

人君要笃实地践履治理国家的"九经"。人君如果能切实修身达道达德，则足以成为百姓的表率，天下人都以人君为道德典范而仰视膜拜，人君的威信无以复加，大道通达于天下，推行教化就会容易得多，公序良俗得以彰显，政令必然通达顺畅。能尊贤取友，对自己不清楚的事情能虚心求教，听取不同的观点，必然能聪明日开，闻见日广，对于修己治人的道理逐渐明澈贯通，心中无所疑问，临事不惑。人君能亲亲齐家，处理家政以"情理"为主，兼重"情"和"理"，以"己心已正"显现盛德之容，所言所行、所作所为皆做到合宜妥当，必然会赢得家人的尊重和信服，家人都遵从自己的约束和教导，家庭成员之间亲爱和睦，没有怨怒不满，则积善之家必有余庆。

人君能礼敬大臣，给予大臣施展自己才能的平台和空间，大臣处理重大政事的时候，就能明确地知晓自己的权限和边界等，不至于临事而不知分寸（如果上级对下级的授权很含糊，下级遇到决策的事情就拿不定主意，不知晓究竟该如何决策）。人君能体悉群臣，设身处地地为下臣着想，体会他们的难处和不易，明白事理的下臣必然会心存感激予以重报，竭力尽忠，恪尽职守，以报君恩。

人君能爱民如子，天下百姓必然会感恩戴德，愿意为国家出力。百工发达对富民强国的促进作用非常明显，百工兴旺自然带来国家财政收入的增加。对藩国诸侯等采取安抚怀柔的政策，广布教化，抚安齐民，修明政刑，修好自己的文德，远方的人就会来归附。等到这些人来归附的时候，则顺其天性，因俗简礼，安抚爱养，使其安心乐业，这就是"柔远能迩"安定国家的道理。

人君怀德以服四方的诸侯，让他们与中央一条心，不生离叛之意。君主怀德为柔，用德为弱，怀德用德则能容蓄百官百姓，则最终柔弱胜过刚强。怀柔是为君之道，德无形如水，君王用德如用水，以德蓄群臣，以德感召天下，携天下之大德为天下诸侯之表率。人君的威望和影响力让天下诸侯之国皆心有畏惧，这就是"柔能制刚，弱能制胜"的道理。

> 《道德经》中说"柔弱胜刚强"，很多人解释成老实巴交的人最后靠忍气吞声战胜强大的敌人，这显然是很离谱且不符合常理的。老子的本意是说，君主怀德为柔，用德为弱，怀德用德则能容蓄百官百姓，则最终柔弱胜过刚强。

【原文】

齐明盛服，非礼不动，所以修身也。去谗远色，贱货而贵德，所以劝贤也。

【老刘说】

《中庸》从"齐明盛服"到"所以怀诸侯也"这一部分，是说"九经"的具体事情，即行"九经"之法。

"齐（zhāi）"在此处指戒绝嗜欲、洁净身心；"明"即严明；"盛服"即正其衣冠，注重仪容仪表。

普通人都乐于放纵而不喜欢被拘束，但为人君者一人牵系天下，如果自身不能修治，后果会非常严重。所以为君者要有为君者的样子，对内必须时刻戒绝嗜欲、洁净身心，对外必须注重仪容仪表，凡事依照礼法而行，不符合礼法的事情绝对不干。只有这样才能内外交养，动静不违，言行举止都能时刻处于规矩之内，此是"所以修身也"。

> 人心本来是寂然不动的，但感物之际是不能不动的。人君在宗庙朝廷之上的言行举止，皆是基于平常积习，并非偶然之故。人君以礼而动，则威仪容止皆能合于道；不以礼而动，则进退周旋难免会违理不合宜。所以《周易》大壮卦说："君子以非礼弗履。"履必以礼，而后为壮，动必以礼，而后为仁。

"劝"是努力向前。治世是以事情为主的，以公心行公道才能对世事人心洞若观火。而"谗"足以乱人之聪，"色"足以蔽人之明，如果人君听信谗言或者被名利货色遮蔽本心，就不能真正做到尊礼贤人；从古至今，谗害正直、倾覆国家的邪佞小人不可悉数，譬如费无极、江充之流，即便是骨肉至亲都被其离间陷害，更何况臣下呢？《大学》说："迸诸四夷，不与同中国"，对这类人深恶痛绝，因而将他们赶到边远之地。人君必须心正意诚，至公至明，屏去奸邪小人；同时去除财色名利的影响，把公道公心放在首位，以能辅助自己进德修业和治国平天下的贤德人才为贵，这样心地纯粹地尊贤用贤，贤德之人必然也乐于为其所用，此是"所以劝贤也"。

【原文】

尊其位，重其禄，同其好恶，所以劝亲亲也。

【老刘说】

"尊其位"指授予亲族足够高的社会地位，而不是给予职位和权柄等；"重其禄"指给予亲族足够的财物等。"同其好恶"指同族虽然有亲疏的分别，但在好恶方面应该是一致的，其实就是说不能偏心眼。譬如同样是女儿出嫁，大女儿、二女儿、三女儿都是女儿，给的嫁妆要一样，不能喜欢谁就多给些，不喜欢谁就少给些，那样必然会招致怨恨而破坏家庭和谐。

人君对于自己的亲族，要给予足够的社会地位和物质待遇，保证他们受人尊重且有与自己身份相匹配的收入，但给予地位不等于授予治世权柄，这点是需要非常注意的。道理很简单，皇亲国戚可以直达天听，一旦有人心术不正，就会狐假虎威而败坏法纪，践踏公序良俗，轻则影响人君的威信，重则破坏社会风气导致社稷倾覆。

人的感觉是基于比较的，亲人之间亦是如此，人君应对家事的时候要注重每个亲人的感受，亲人喜好的与他同喜好，亲人厌恶的与他同厌恶，非原则性问题尽量顺着来，这样才会让亲人觉得彼此是一家人。如此，家庭成员就会亲爱和睦，没有不满，此是"所以劝亲亲也"。

【原文】

官盛任使，所以劝大臣也。忠信重禄，所以劝士也。

【老刘说】

"官盛任使"指大臣都要配备属官，帮助他处理具体事情。大臣要胸怀天下，放眼全局，主要职责是应对天下大事，而不是埋头处理具体小事，所以要给大臣配备足够的属官，协助他落实具体事情，如果让大臣对于细小的事情也要亲力亲为，他就没办法谋划全局了。人君给大臣配属足够的属官，让大臣能专心于自己的职要，就是对大臣最切实的支持，此是"所以劝大臣也"。

"重禄"指大幅度提高待遇，给予高薪厚禄。对于群臣，如果他们感觉不到人君的诚意，就会心有疑惑并患得患失，就会把自保放在前面，对待政事不会尽心尽力；如果待遇不够优厚，他们就会为养家糊口而忙碌，无法全身心地做好本职工作。所以，对待群臣必须先开心见诚，不需猜疑他们；同时给予优厚的俸禄，让他们的父母、妻子都有依靠。人君把事情做到这个程度，群臣就不会患得患失，也不用担心父母和妻儿的生活，必然会竭尽全力地报效国家，此是"所以劝士也"。

【原文】

时使薄敛，所以劝百姓也。

【老刘说】

"时使"的"时"侧重指农时。让人民服徭役的时候，尽量不要在农时。比如兴修水利等，要安排在农闲时节，不能放在春种秋收正是农忙的时候，否则会影响一年收成，对广大农民实际利益伤害很大，民怨纷起就会影响统治根基。

"民惟邦本，本固邦宁。"国家取民之用主要涉及两个方面，一是使用民力，即徭役；二是使用民财，即赋税。人君如果能轻徭薄赋，不增加民众负担，使民众能丰衣足食，则钱粮等就容易措办，百姓也乐于输纳，自然仓廪实、府库充，朝廷用度就会沛然有余；如果重徭厚赋，民众就无法休养生息。过重的负担使百姓衣食不给，必然出现小民生计窘迫，不但赋税无从出办，民怨亦会日盛，结果必然是内忧加剧，国家又怎么可能安稳和富足呢？

使用民力的时候要注意使民以时，不可过于劳民之力；征收赋税的时候要揣量百姓的承受能力，不可过于伤民之财。这样百姓既有余力也有余财，必然亲近君上，此是"所以劝百姓也"。

本句的理解可以结合《论语·学而》第五章：

子曰："道千乘之国，敬事而信，节用而爱人，使民以时。"

"千乘之国"泛指已经形成规格的诸侯国，区别于还没有形成稳定治理结构的区域势力。治世首先要有人，只剩下一个光杆皇帝谈治世是没任何意义的。所以，在乎基层民众的具体利益和感受是治世者必须懂得的基本道理。

"敬事"，指遇事不敢轻慢，"敬事而信"即处理事情做到一个"敬"字在先，这样才能取信于众人，建立足够的行政威信。"节用而爱人"指治世要以人为本，勤俭治国，当用则用，当省则省，"一粥一饭，当思来处不易；半丝半缕，恒念物力维艰"，要爱惜民力民生。"使民以时"的"时"指农时，使用民力徭役的时候，尽量不要妨碍农时。

治理国家的根本在"敬事""信""节用""爱人"和"使民以时"上，具体的礼乐刑政等，只是在这个根本上的延伸；没有这个根本，就相当于盖房子没地基。这五件事中，"敬"是根本，政府发出一个政令，当政者自己都不当回事，回头就忘了，这就是没"信"了，也就是政府说话老百姓不信。如果一个政府朝令夕改，缺乏公信力，就算把商鞅这样的能人拉过来治理国家，后面的"节用而爱人，使民以时"也只是个空谈而已。

当政者无信，一天一个主意，今天想到要"节用"，明天觉得该奢侈，今日俭，明日奢，"节用"又如何做得到呢？不"节用"，国库里存不下钱，一旦有事，便会急征暴敛，"爱人"就只是一句空话了。就像小家过日子，老话说"吃不穷穿不穷，算计不到就受穷"，平常不会节用，遇事难免抓瞎，甚至付出高成本去解决问题。"爱人"做不到，就不能真正体恤民情，谈"使民以时"就更是一句空话了。这五件事是有前后顺序的，有"敬"才能有"信"，有"敬信"才能有"节用"，有"节用"，"爱人"就是水到渠成的事情。能从百姓的角度考虑事情，"使民以时"也就是自然而然的事情了。

为政者如果不能心有敬畏，就很难将事情落到实处；为政者只知"节用"不知"爱人"，就会和百姓离心离德；"爱人"这件事情要落到实处，关键是勿夺其时，所以"爱人"的重点是"使民以时"。

【原文】

日省月试，既廪称事，所以劝百工也。送往迎来，嘉善而矜不能，所以柔远人也。

【老刘说】

"日省月试"即每天每月进行考核，相当于现在说的工作日清月结。"既"是"饩（xì）"，"饩"本义指用于祭祀或馈赠的牲畜；"廪"本义指米仓，"既廪"指发放给百工的薪俸，也就是现在说的工资。

有百工技艺的人，技能水平有高有低，干活有勤有惰，如果干活多的反而拿得少，技艺高的反而拿得低，就会鼓励懒惰，挫伤上进，这显然是不合理的。所以对工作成果的数量和质量都需要进行具体考核，并以考核结果作为发放薪俸的依据，这样才能让勤勉上进的工匠更加勤勉上进，并督促懒惰不上进的工匠，此是"所以劝百工也"。

对于远方的人，迎来送往的礼节要完备，吃喝拉撒、出入行走等都要考虑周到。离开的时候，要予以方便，避免因为缺少手续而被关隘阻挡滞留；到来的时候，要热情接待，考虑周全，路费不足要予以补贴。如果有人愿意留下，就根据其能力安排工作岗位，不能强迫他做他不愿意做的事情，让远方的人真正感到宾至如归，此是"所以柔远人也"。

【原文】

继绝世，举废国，治乱持危，朝聘以时，厚往而薄来，所以怀诸侯也。

【老刘说】

"治乱持危"指诸侯国内有乱，则帮助治乱，恢复秩序；诸侯国危弱，则予以扶持。

"朝"指诸侯亲自朝见天子。"聘"指诸侯派使臣朝见天子，通常每年一小聘，三年一大聘，五年一朝。按照周朝礼制规定，诸侯国之君要定期朝见周天子，向他报告治国的政绩，并进献职贡。

作为天子，如果四方诸侯有子孙绝嗣的，要寻找他同宗旁支的子孙继承，不让他绝了宗祀；失去土地的，要对其子孙进行封地，复其爵土；对于国内发生坏乱的，要帮助其恢复秩序，上下相安；对于国内发生危难的，要帮助其渡过难关，大小相恤。按照礼制约定的时间朝聘，对来朝聘的国君或者使臣以礼相待，按照其进献礼物的多少，加倍予以回礼，不能让来朝聘的诸侯国吃亏。天子这样做，天下诸侯都会竭忠于中央，无背叛之心，此是"所以怀诸侯也"。

【原文】

凡为天下国家有九经，所以行之者一也。

【老刘说】

前文详细说完"九经"的事情，最后总结说：人君治理国家，只要依照"九经"就可以了。"九经"虽然有各自的次序，但根本只是个"日诚己身"，归于"惟精惟一"的"一"，这是人君心法之要。

天下万事只有真实无妄才能恒长久远，先有实心才能行实事，人君真诚不自欺才能把"九经"落到实处。如果心有自欺，即便做得再细密，也只是粉饰的虚文而已。故此说"所以行之者一也"。

【原文】

凡事豫则立，不豫则废。言前定则不跲，事前定则不困，行前定则不疚，道前定则不穷。

【老刘说】

"凡事"包含达道达德和"九经"等所有事务；"跲（jiá）"出自《吕氏春秋》："鼠前而兔后，趋则跲，走则颠"，本义是被绊倒，在这里指前进途中磕磕绊绊不顺畅，就像人走路跌跌撞撞一样。

"疚"本义指久病不愈，在这里指行事不妥而内疚于心。

"豫"即预先确定，按照上下文，"豫"在此处指凡事皆应先立其诚，深层含义指事未至而先知其理。结合第二十四章的"至诚之道，可以前知"理解，"豫"不是察其然，而是察其所以然。预先确定则有备无患，等事到临头再做考虑，事情又怎么能做成呢？"前定"是从几微处说的，君子在事情未发生之前，就能见微知著，即"冲漠无朕，而万象森然已具"。

"凡事豫则立，不豫则废"的理解，可以参照《论语·卫灵公》第十一章：

子曰："人无远虑，必有近忧。"

孔子说："天下的事物都处于变化之中，没有一成不变的事物。智者能在忧患萌发之前将其消除，在灾祸没有成形之前将其化解，这是因为智者能远虑。如果只盯着眼前方寸之处，不抬头往远处看，是苟且于一时一处。对于远处的事情变化通通不管，这样没有远虑的人对未来没有预案，防患必疏，碰到不测之虞必然六神无主、手忙脚乱，烦忧在所难免。治世者要虑周四海之外，计安万年之久，才能长治久安。"所谓"不谋万世者，不足谋一时；不谋全局者，不足谋一域"，正是这个道理。

从小处说，有人为了谋财蓄财不择手段，只看眼前利益，殊不知德不配财，必然招致灾祸，甚至祸及子孙后代。所以，《周易·文言·坤》说："积善之家，必有余庆；积不善之家，必有余殃。"

治理国家需要以至诚顺应民心，做不到就治理不好，其他事情亦是如此。至诚之道，可以前知，凡事都需要先立其诚，在事情没有发生之前先知其所以然，进而见微知著，预知事物的发展方向和结果等。先立诚才能做到真正不自欺，事情才能落到实地，如果不能立诚在先，就难免会自己骗自己，则凡事皆成虚文，又怎么能成功呢？

人说话之前先立诚，就能心口如一，不会信口胡说，讲出来的言语不会磕磕绊绊，前言不搭后语。做事之前先立诚，就不会轻举妄动，事前有斟酌谋划，临事之时就不会手忙脚乱，更不至于陷入困苦危险之中。举止行为先立诚，则心身内外合一；做人光明磊落，所行有常则问心无愧，又怎么会心有歉疚呢？所以，修道先立诚，则能合于天命之性，立诚是人体道用道的源头，有这个源头在，则率性之道不离须臾，应万变而不穷，周万事而不匮。

【原文】

在下位不获乎上，民不可得而治矣。获乎上有道：不信乎朋友，不获乎上矣。信乎朋友有道：不顺乎亲，不信乎朋友矣。顺乎亲有道：反诸身不诚，不顺乎亲矣。诚身有道：不明乎善，不诚乎身矣。

【老刘说】

凡事都需要先立诚，处于治民位置的下位者，要先获得君上的认可，这样才能放开手脚施展自己的才能，如果不能获得君上的认可，就没办法居其位行其政，治民的事情就是无稽之谈。所以，下位者要想居其位行其政，必须先获得君上的信任和认可。获得君上认可是有道可循的，通过逢迎奉承这些手段是不能真正获得君上信任和认可的。一个人能取信于朋友，才能获得君上的信任和认可。一个人如果品行不端，名誉不好，就没办法取信于朋友，对于这样的人，君上又怎么敢授予他治民的权力呢？

想通过沽名钓誉取信于朋友是行不通的，真正取信于朋友同样有道可循。一个人能真正做到事亲尽孝，才能让朋友发自内心地信任他。父母对儿女有养育之恩，如果一个人不能对自己父母有真正的亲爱之心，别人对他再好也是没用的，心中只有自己的薄情寡恩之人是靠不住的，对于这种人来说，生养之恩都可以放在脑后，又有什么恩德能让他放在自己的私心前面呢？

对双亲阿谀奉承和无原则顺从，算不上真正孝敬父母，事亲尽孝也是有道可循的。一个人只有真正做到反身而诚，才能有敬爱之实意，对双亲的侍奉顺承皆发自内心的敬爱之情，这样的孝敬才真正笃实恳切，无丝毫私意夹杂。如果只是为了做样子给别人看，即便所有程序和环节都做得无可挑剔，双亲也感觉不到血脉相连的切切真情，自然也就算不上是真正尽孝了。

反求诸己的诚身功夫不能义袭而取，反身而诚也是有道可循的。一个人能真正具备分辩善恶的能力，知晓止于至善的道理，才能善善而恶恶，这才是真善和真恶，即《大学》中的"如恶恶臭，如好好色"。对于令人作呕的臭秽气味，心里厌恶的感觉是实实在在的；对于美好的事物的向往亦是实实在在的。

"如恶恶臭，如好好色"听起来很简单，似乎毫无难度，真正做到却千难万难。一个念头升起，虽然知道该"恶恶臭，好好色"，但是在不知不觉中，很容易会被"身所欲"牵引，导致好恶的边界模糊不清。打个比方，我们一提到骗子，心里首先是厌恶。但在听说某个骗子骗了几千万元，得到了香车美女后，难免心生羡慕，这个时候对骗子的厌恶，已经不纯粹了，其中夹杂了自己的羡慕，"自欺"就产生了。一旦有了这个心思，如果得到一个机会，能骗到手几千万元，能保证自己一定不会利用这个机会去骗钱吗？

能明善以诚身，则孝亲、信友、获上、治民，只是水到渠成的事情，又有什么难的呢？圣人之学，归根结底，只是一个"诚"字而已。

【原文】

诚者，天之道也；诚之者，人之道也。诚者，不勉而中，不思而得，从容中道，圣人也。诚之者，择善而固执之者也。

【老刘说】

"固执"本指坚持不懈，此处指坚定不动摇。

《中庸》首章说"天命之谓性"，《周易·系辞上》说"一阴一阳之谓道，继之者善也，成之者性也"。天之化育万物，生生不穷，各正其性命，这就是无妄实理，人能合此无妄实理，就是与天地合其德。

"诚"是上天赋予人的无妄实理，人以此天命赋予的无妄实理为之，就是"率性之道"。"诚"本于天命，无丝毫杂质夹杂其中，纯粹自然，所以说"诚"是"天之道"。

人生于世间，本来是纯粹合道的，但受后天的气禀所累、私欲遮蔽，做不到完全率性，不能与天地合其德，因而要努力复其本性，做到与天地合其德，恢复天命之性。这是人自身努力的范畴，人须勉力前行，不学则不得，所以说"诚"是"人之道"。

"不思而得"的"思"是人之思，即不能合于天理之思；"诚者，不勉而中，不思而得，从容中道，圣人也"是进一步解释"诚者，天之道也"。能完全与天地合其德的人，不需要刻意勉强就能合于中道，所思所想都合乎天理，没有任何不合于天理的思虑，能做到这样从容于中道的，唯有可以尽心知性知天，参赞天地之化育的圣人。

圣人之德，浑然天理，真实无妄，不需要思勉就能从容于中道，这是"天之道"的完美彰显。没有到达圣人境界的人，无法避免人欲之私，还做不到完全合于中道，唯有善然后才可以明善，持守善道才可以诚身，只有这样才能尽性知天。

"固"字在"四书"中有两种含义，第一种含义是"毋意、毋必、毋固、毋我"的"固"，指执滞不化，事情已经过去了，却留滞于胸中不能摆脱，扰动心智，甚至让人身心陷入其中无法自拔；"毋固"指不拘泥固执，不为往事所困，所行唯义所在，无可无不可。第二种含义是"君子不重则不威，学则不固"的"固"，指持守坚定不动摇。相对于诚者的"从容中道"，"择善而固执之者也"的"固"似乎应取第一种意思。但下文"博学之，审问之，慎思之，明辨之，笃行之"是对于"诚之者，人之道也"的进一步阐述，所以"固"字应该取第二种意思。

【原文】

博学之，审问之，慎思之，明辨之，笃行之。

【老刘说】

这句话是进一步申明前文"诚之者，择善而固执之者也"。学、问、思、辨、行的功夫是完成"诚意"的方法、工具、步骤。"诚意"才是学、问、思、辨、行功夫的核心。这个地方要从"知行并进"的角度理解。

博学、审问、慎思、明辨、笃行都是"为学"，而没有"行"是算不上"学"的。"学"的开始就已经是"行"的开始了。"学"必然会有疑问，有疑问就有"审问""慎思"和"明辨"，这三者只是"行"过程中的环节。

"辨"得清晰了，"思"得足够小心注意了，"问"得详细周密了，"学"也就会做了。如此循环往复，持续不断地下功夫，就是"笃行"。而不是在"博学、审问、慎思、明辨"之后才开始"笃行"。

既然此五者都是为学，从寻求各种会做，会完成具体事的方法的角度称为"博学"；从寻求对各种说法和认知的解决疑惑，拨云见日的角度称为"审问"；从寻求对各种说法和认知的精微之处的明晰的角度，称为"慎思"；从寻求对事的精准清晰认知的角度，称为"明辨"；从寻求落实所学到具体入世治世中，从"懂得"到"做到"之间通达无障碍的角度，称为"笃行"。

从不同角度来看，博学、审问、慎思、明辨、笃行似乎是五部分，但这五者本质上都是"行"这一件事。学、问、思、辨、行的功夫，其实是踏踏实实的为学功夫。即便是"困知勉行"的人，只要踏踏实实地付出比别人多百倍的功夫，一样可以到达"尽性知天"的境界。

朱熹先生在《四书章句集注》中，把"博学之，审问之，慎思之，明辨之"和"笃行之"分开来说，朱熹把"知""行"分成两部分，把博学、审问、慎思、明辨四个归于"知"，把"笃行"当成"行"。将前者称为学、问、思、辨、行的功夫，将"笃行之"认为成只有前面学、问、思、辨、功夫做到了，才能"行"下去，这是把"知"和"行"分开说了。

实际上，"知""行"是一个硬币的两面，是不可分割的，"知""行"向来是一条线走下来的，不能分成两段，否则就偏离了圣学本意。

"知者行之始"是说有知觉的瞬间，心必然有一涌动，这一涌动，就是"行"的开始。"行者知之成"是说有外放的行动，说明"知"已经贯穿而出了。即"行"的开始就是起心动念的一涌动，"知"始终贯穿在整个"行"里。"知""行"是个齐头共进的关系，知行本体原本如此。

为了帮助理解，把"行"分为三个顺序阶段，第一阶段是内心知觉到的一涌动；第二阶段是起心动念形成想法；第三阶段是外放的行为。拿开车打比方，钥匙插到钥匙孔的一瞬间，就是"行"的开始；转动钥匙启动发动机，是第二阶段；挂挡，车开始动，是外放的行动，即第三阶段。注意，这么说只是为了帮助理解，"行"是一条线顺下来的，并不是说由分界清晰的三个阶段组成，那样理解就支离破碎了。

"知行合一"的"知"是知觉。《说文解字》说："知，词也。从口，从矢""觉，悟也。从见，学省声"。徐锴《说文解字系传》写道："凡知理之速，如矢之疾也，会意。"不能想当然地把"知觉"对应成现代心理学名词，那样就没办法真正理解"知"字了。（心理学中"知觉"是指客观事物直接作用于感官而在头脑中产生的对事物整体的认识。）

"知行合一"只是个懂得并做到，譬如想睡觉躺下就能睡着，这就是知行合一。

【原文】

有弗学，学之弗能弗措也；有弗问，问之弗知弗措也；有弗思，思之弗得弗措也；有弗辨，辨之弗明弗措也；有弗行，行之弗笃弗措也。人一能之，己百之；人十能之，己千之。

【老刘说】

"弗"是不；"措"是搁置不前。

学、问、思、辨、行，固然是为学功夫所在，对于一般资质的人来说，必须专心致志、笃实用功才能成功。对于"博学之"这件事，不学则已，只要开始博学于文，就不能中途放弃，必须找到自己想要知晓的全部内容，达到"能之"才停手；对于"审问之"这件事情，不问则已，只要有疑问不明白，就一直钻研，直到把疑问完全搞清楚为止，绝不搁置不前；对于"慎思之"这件事情，不思则已，只要开始思考就必须有所收获，没有收获就不会停止；对于"明辨之"这件事情，不辨则已，只要开始辨析就必须厘清其中区别之处，不能厘清就不会停止；对于"笃行之"这件事情，不行则已，力行必须践履笃实，抵达有成才罢手，不会中途放弃。别人天资禀赋比自己好，自己就加倍用功来弥补其中的差距；别人一遍就会了，自己必下百遍的功夫；别人十遍就会了，自己必下千遍的功夫。

【原文】

果能此道矣，虽愚必明，虽柔必强。

【老刘说】

"果"是果决。能立志坚定且笃实践履的人很少，如果在此处真正能立志坚定，肯始终勤勉笃实，久而久之，必然能豁然贯通。就算是天生愚笨的人，也会变得贤明；就算是天生柔弱的人，也会变得强毅。更何况资质好，本就聪明强毅的人呢？这类人如果能勤勉不息地笃实用功，必然会变成大仁、大智、大勇之人。

【第二十一章】

【原文】

自诚明，谓之性；自明诚，谓之教。诚则明矣，明则诚矣。

【老刘说】

"诚"是真实无妄，人不自欺才能真正"好好色，恶恶臭"；"明"是事理洞达，即对事理看得很清楚，理解透彻。

"自诚明"即"由诚而明"。"诚"是天性使然，天性至诚则必然身有明德，后天有私欲遮蔽才会偏离天命之性，人始终能诚己就能始终合于天性，由诚而明，是不勉而中、不思而成，是天命之性中本来就有的，所以说"自诚明，谓之性"。

"自明诚"即"由明而诚"。人通过笃实为学而至诚，能洞明事理，是由勉力学习复归本性，并不是天性使然，所以说"自明诚，谓之教"。

"自诚明，谓之性"是生知安行，是由至诚而有明德，是圣人之性如此；"自明诚，谓之教"是学知利行，是由明德而有至诚，是贤人之德的学以知之如此。

"诚则明矣"是说圣人天性至诚，自然就能明德，由真实无妄的至诚而洞明事理。"明则诚矣"是说贤人下学而上达，通过勤勉笃实做心性功夫，由洞明事理而到达至诚。"自诚明"是由天命之性而洞明事理；"自明诚"是由洞明事理来行率性之道。有至诚则必有明德，有明德则必有至诚。二者虽然顺序不同，但功用相通。

【第二十二章】

【原文】

唯天下至诚，为能尽其性；能尽其性，则能尽人之性；能尽人之性，则能尽物之性；能尽物之性，则可以赞天地之化育；可以赞天地之化育，则可以与天地参矣。

【老刘说】

"至"指推至极点，比如《周易》中说的"至神""至变"等；"天下至诚"指圣人之德，也就是极诚无妄完全合于天理的至德。

"尽性"指顺应天理使之不失其所，也就是按照其本性，让其回到符合自己本性的地方去。"尽己之性"就是在五伦关系中做好自己，将事情做到妥当合宜、尽善尽美。譬如"尽仁"这件事情，如果在亲族层面能尽仁，在乡党层面做不到尽仁；抑或只是在乡党层面能尽仁，在邦国层面做不到尽仁等，都算不上是"尽己之性"。再譬如在君臣关系中，处于臣属的位置上，能尽职尽责、尽善尽美，无一毫瑕疵诟病；在父子关系中，处于为人子女的位置上，能事亲尽孝、尽善尽美，内能尽己之亲爱之心，外能无丝毫不妥之处，这才算是"尽己之性"。

"尽人之性"是以自己的至诚影响和感化他人，使他人按其所处的伦理关系中的位置，致自己的良知，做好自己的伦理角色，也就是《大学》中的修己安人、修己安百姓、修己安天下。

"尽物之性"即按照"物之本性"各尽其宜，使其归到天理秩序中自己本来应该在的位置上，也就是让事物回归自己本该如此的样子。譬如让鸟回归到自己应该生活的林中，让鱼回归到自己应该生活的水中，让鸟兽虫鱼草木各得其宜，其他事事物物也皆是如此。

怎样才算"能尽其性"呢？譬如性中有仁，则能穷尽仁的道理，并能以仁推广开来，从己身到亲族，从亲族到乡党，从乡党到一国，乃至于天下，直至万物一体之仁。如果有十件事只能穷尽九件，另外一件不能尽，算不上"能尽其性"；一件事情，开始的时候能尽其性，终了的时候则不能尽其性，亦算不上"能尽其性"。仁是这样，义、礼、智亦是如此。"尽人之性"的具体表现就是化民成俗，"尽物之性"的具体表现就是开物成务。

"赞"指辅助，助长；"化育"指变化生育，在此处指助天地之化生，即圣人使"天人所为，各自有分"。"赞天地之化育"即人在天地中间，人要辅助天地所做不到的部分，让事情圆满。譬如天地能使庄稼生长，但耕田种地的事情必须有人的参与才能完成；水能润物，但灌溉农田的事情必须有人的参与才能完成；火能加热东西，但煮饭做菜的事情必须有人的参与才能完成。再譬如洪水泛滥，舜帝任用大禹治水，让民众得以安民；夏桀暴虐，汤武解民倒悬。这就是《周易·易经上·泰》所说的：《象》曰："天地交，泰。后以财（裁）成天地之道，辅相天地之宜。"

"与天地参"指天、地、圣人并立；圣人能至诚尽性，尽人之性、尽物之性，这是辅助天地所不及之处，所以天地之间不可无圣人。天在上覆物，地在下载物，圣人在中间成物。从这个角度来说，圣人与天地并立为三。

"尽心"和"尽性"是有区别的："尽心"侧重从内在上说，"尽性"侧重从外显上说；即能尽得虚灵知觉之妙用是尽心，能尽得真实本然之全体是尽性。

【第二十三章】

【原文】

其次致曲，曲能有诚。

【老刘说】

本章是说贤人可以通过习学而致至诚。"其次"指"自明诚者"，区别于"自诚明者"，即天资禀赋比圣人差的为学者，此处是相对圣人来说的，所以称为"其次"。

"曲"即善端发见之偏处，一般人的天资禀赋都是有所偏颇的，譬如有人天性刚强，有人天性柔和，这就是其一偏之善。从孟子四端的角度来说，恻隐、羞恶、是非、辞让四端，圣人是完全具备的，不存在厚薄的分别。但圣人以下的人，在四端方面是有厚薄区别的，譬如有的人厚于恻隐，薄于是非，即过于心软就不容易坚持是非原则；或者厚于是非，薄于恻隐，即过于坚持原则就容易导致刻薄无情；等等。这就是"曲"。

"致曲"即孟子说的"扩充四端"，"曲"不是全体，只是一部分，人能从这一部分——推进，以致乎其极，就能通贯全体。曲无不致则德无不实，到达这个境界就与圣人的至诚是一样了。譬如有人生性温厚恻隐，有这种特质必然多仁，从"好仁"上扩充至极致，就是这个人的"致曲"；有人生性刚毅不苟，有这种特质必然多义，从"恶不仁"上扩充至极致，就是这个人的"致曲"。

"曲能有诚"是从所厚的角度来说的，譬如一个人厚于恻隐，薄于是非，在恻隐之心方面能推至极处，就是尽这个方面的"诚"了。以此扩充至四端皆能如此，事事上都能推致其诚，就是尽性了。不如圣人的人，还达不到至诚的境界，要想学为圣人，就需要从"致曲"开始，并以此扩充至内无不仁外无不义，贯通内外全体，所以说"曲能有诚"。

【原文】

诚则形，形则著，著则明，明则动，动则变，变则化，唯天下至诚为能化。

【老刘说】

"著"是从"形之大"的可观处来说，也就是大到不能忽视的程度；"明"是从"形之显"的角度来说，就像一个光源，如果足够明亮，就没人能忽视它。"动"即感动人心，是从让人心动的角度来说；"变"即改恶为善，是从内心渴望改变，并付诸行动的角度来说；"化"字的甲骨文由左边一个头朝上站立的"人"和右边一个头朝下入土的"人"组成，表示由生到死的改变，即脱胎换骨，在此处指从量变到质变。

身的主宰是心，内心能至诚则必然表现在具体的言行举止中，己德以形显现，这就是"诚则形"；随着致曲修身的日积月累，己德日新月盛，己德之形从小到大，从细微不可察觉变得越来越显著，这就是"形则著"；己德之形越来越显著，就会被越来越多的人听到和看到，影响也就越来越大，就像一个光源越来越亮，能照射的范围越来越大，这就是"著则明"；随着影响的扩大，被影响到的人为己德之至诚所感动，自然会有所行动，有行动自然会有变化，这些人用实际行动弃恶从善、改过自新，最终复其本性，这就是"明则动，动则变，变则化"。

天下至诚的圣人，能明明德于天下，以己德化民成俗。"自明诚"的贤德之人，通过"致曲"的积累，也能到达至诚的境界，亦能做到化恶为善，改移旧俗。

"诚则形，形则著，著则明"，诚、形、著、明，是从主于内的角度说的；"明则动，动则变，变则化"，动、变、化，是从主于外的角度说的。

【第二十四章】

【原文】

至诚之道，可以前知。

【老刘说】

"前知"是预先知晓未来将要发生的事情。圣人与天地合其德，与日月合其明，与四时合其序，与鬼神合其吉凶，极诚无妄完全合于天理，对天理的运转流行清晰明了，故此能根据几微之处的征兆，以圣算推演未来将要发生的事情。无论是天生至诚还是后天学而至诚，都可以有这样的效验。即天不欺至诚者，由身有至诚，可以预知未来。圣人以下的人，不能达于至诚，当下尚且不明，又怎么可能预知未来呢？这就是"至诚之道，可以前知"。

对于"圣人前知"，不要理解成圣人尚玄好奇、怪力乱神，那样就偏离本意了。关于"前知"，最常见的例子就是天气预报，天气预报有两个要素，一是知晓天气变化的原理，并根据现象背后的原理进行推导，得出未来一段时间内的天气变化趋势；二是就事论事，推导过程中不得夹杂人欲的干扰因素。比如自己有私心，就故意篡改某个关键变量，导致预测结果不准确。由此而知，如果能完全洞悉事物变化的原理，同时没有任何人为因素的刻意夹杂，就能得出正确的结果。

圣人与天地合其德，与日月合其明，与四时合其序，与鬼神合其吉凶，即完全洞悉天理运行流转的原理；圣人至诚无妄，即毫无人欲夹杂，不会为任何私欲遮蔽，没有意必固我等因素干扰。基于以上两点，圣人可以从很微小的变化中推演出未来的发展趋势，预知将来要发生的事情。

对于这句的理解，可以参考《论语·为政》第十章：

子曰："视其所以，观其所由，察其所安。人焉廋哉？人焉廋哉？"

这是在讲圣人观人之法。圣人治世，所作所为没有小事，都牵扯到百姓福祉，所以识人是非常重要的事情。识人本质上就是对这个人将来的预测，如果要任用这个人，让他承担具体的事情，就要提前知晓这个人主持该事情会有什么样的结果，是成功还是失败。

"视其所以"是先从大范围进行分类，是观人的大概，即按照大类进行定性，最简单的分类方式就是"为善者为君子，为恶者为小人"。"观其所由"的"由"字是"通过……途径"，面对同样的目的，每个人选择的途径是不一样的，方式方法也不同。譬如同样是读书，每个人读书的目的是不同的，有为己而读书的，有为名而读书的，有为利而读书的，所以要看这个人是为什么做这件事。这里侧重指区分心术正不正。

"所安"的"安"指安定安乐，即心所安处。人对心安乐处的行为常常乐此不疲，否则就会不安不乐，易生改变，没办法长久。就拿打麻将来举例，如果是自己发自内心地想打麻将，坐下玩三天三夜也玩不腻。但是如果是别人花钱雇自己去打麻将，并非是自己想打，别说三天三夜，坐半天就觉腰酸背痛了。根本原因就是这件事不是来自心所安处。迫于外力去做的事情，不管这个外力是利诱还是威胁，效果都不好。为了养家糊口而工作会让人觉得很累也是同样的原因。"察其所安"就是看一个人心所安处，偶然的安是不能长久的。比如这个人平日里瞧不上这个、看不起那个，飞扬跋扈，就算迫于形势而不得不谦恭有礼，也没办法长久，一旦外部压力没了，马上又恢复本性了。对他来说，心安处就是这个地方，偏离自己心安处会觉得难受，一旦恢复旧状态，心就舒坦了。

"视其所以，观其所由，察其所安"中"视""观""察"这三个字是由浅到深的，"视"侧重从大分类看，属于一般情况的看，比如对一个具体的人，先大概看一下他是干什么的；"观"侧重从大体上看，比"视"的程度更深入；"察"侧重从细微处深入分析总结，得出结论。"视其所以，观其所由，察其所安"的次序就像淘米，淘第一遍，先把容易区分的糠和沙子去掉，第二遍和第三遍是进一步去除杂质。"所以"只是个大概；"所由"是看他所从之道，如为义、为利等，侧重于三观的判断；"所安"是看能让他心安定下来的是什么。

"人焉廋哉"是说按照上述三点看人，必然就能看清楚这个人了，三点看人法是识人用人的关键所在。句末重复使用"人焉廋哉"表示强烈肯定，说明这种看人之法是毋庸置疑的，被观察审视的人是无处遁形的。这就是最基本的"至诚之道，可以前知"。

【原文】

国家将兴，必有祯祥；国家将亡，必有妖孽。见乎蓍龟，动乎四体。祸福将至：善，必先知之；不善，必先知之。故至诚如神。

【老刘说】

"祯祥"指吉祥的征兆，"妖孽"指灾祸的萌芽。国家将兴，一定有祥瑞之兆；国家将亡，一定有凶恶之兆。国家将要兴旺的瑞兆，并非一定是出现朱雀、凤凰等，突然冒出一批贤德之士或者外部大形势突然向有利方向好转等，都是"祯祥"的范畴。国家将要败亡的妖孽之兆，并非一定是七星连珠等，国家积重难返，流民暴增，突发的大瘟疫、大天灾等，会使国家迅速衰败下去的，都是"妖孽"的范畴。

"四体"指龟之四足，"蓍龟之占"中，春占后左，夏占前左，秋占前右，冬占后右，"四体"在此处指卜筮所显现出来的卦兆。"见乎蓍龟，动乎四体"指征兆会在卜筮使用的蓍草和龟甲中显现。个人理解，此处应该是以蓍、草龟甲的微小之动，对比国家兴亡这样的大事，以此说明"知几其神乎"的道理，而不是过分夸大卜筮的神奇精准。

《周易·系辞上》说："神以知来，知以藏往。"祸福的征兆刚刚萌动，圣人就能见微知著，判断祸福的走向，预知未来的结果。譬如"积善之家，必有余庆；积不善之家，必有余殃"，就是最常见的"善，必先知之；不善，必先知之"。

圣人虚灵洞达，至诚无私伪，自然具备神明不测之用；见几微之动，则知其未来之显著，这是"至诚如神"的功效。所以说"故至诚如神"。

【第二十五章】

【原文】

诚者自成也，而道自道也。

【老刘说】

"诚者自成也，而道自道也"是对"自诚明，谓之性"的进一步展开。"自成"即"自成其德"；"诚者自成也"即"诚"是一个人之所以能自成其德的道理。"自道"即"自行其道"，"而道自道也"即"道"是一个人能自行于大道之上的缘由。人能至诚，则必能自成其德；人具备行此道的技艺，所以能通过此道自行到达目标。

诚心尽孝，才会成为一个真正的孝子；诚心尽忠，才会成为一个真正的忠臣，这就是"诚者自成也"的道理。

想得道行道，只需要以五伦关系中的具体事情为载体，来践履心中的至诚，譬如想做好事亲尽孝这件事情，只是以己心之至诚，毫无保留地尽心尽力；想做好为人臣属这件事情，只是以己心之至诚，毫不保留地尽心尽力，这就是"而道自道也"的道理。

心有至诚，就必然有个自成其德的道理在，也必然有个能合道而行的道理在。自成其德和行于大道不是通过自己刻意安排，或者按照别人的有意安排来实现的；只需要自己心有至诚，依循这个至诚自然向前走，通过载体践履在五伦之中就可以了。

"诚者自成也，而道自道也"呼应首章"率性之谓道"。"诚者自成也"的功夫在"诚"字上，对应的是"体物而不可遗"；"而道自道也"的功夫在"践履"上，对应的是"道也者，不可须臾离也"。因此，"诚者自成也"与"而道自道也"是体用一源的关系，不能割裂来讲，这样才能更好地理解下一句"诚者物之终始"。

> 《周易·系辞上》说："夫乾，其静也专，其动也直，是以大生焉。""诚者自成也"对应"其静也专"，"而道自道也"对应"其动也直"。

【原文】

诚者物之终始，不诚无物。是故君子诚之为贵。

【老刘说】

儒学中"物"的定义是"意之所在即是物"，物即事也，这和我们平常理解的"物"不同。也就是说，心念一动，有知觉有指向，"物"就出现了。譬如给老父亲尽孝，尽孝这件事情就是一个"物"；在单位工作尽职尽责，这个尽职尽责就是一个"物"。

《尚书》《周易》等儒家经典中，都把"终"放在"始"前，只说"终始"而不说"始终"，意味内外本末终始相连，终而复始，不断循环。理解了这一点，才算是窥见此"学"精微之处。另外，不能把"终始"和"先后"画等号；更不能以"本"为始，以"末"为"终"；大人之学一以贯之，所以"本"既是"始"也是"终"，本末一贯，才是真正意义上的"原始反终"。

"诚者物之终始"是说，有个至诚的实理贯穿"物"的终始，"物"才是真正意义上的"物"，否则这个"物"就不是真正意义上的"物"了。

"无物"指不能真实如此，即事物不是原本该有的样子。

譬如，从自然生物的角度来说，猫头鹰是昼伏夜出的动物，昼伏夜出这个特质是定义"猫头鹰"的一个必备条件，现在发现一只昼出夜伏的猫头鹰，它算真正意义上的"猫头鹰"吗？再如，看到一只金毛犬在爬树，第一反应是，这肯定不是一只狗。

从人伦的角度来说，以至诚之心事亲尽孝，心中的至诚贯穿终始，这是真正意义上的"孝"，对应"有物"；如果三心二意，只是顾忌别人的看法，做出一副孝敬的样子糊弄人，这就不是真正意义上的"孝"，对应"无物"。

人做事应该以至诚贯穿终始，先有个至诚在，才能"有物"。如果心不能至诚，就算有物，也和无物是一样的。譬如祭祀这件事情，贯穿整个典礼的至诚之心才是祭祀的灵魂所在，如果没有这个至诚之心在，祭祀和戏子演戏就没什么区别了，又怎么能算是真正意义上的祭祀呢？

所以说，至诚是贯通"物（事情）"终始的，如果没有至诚，有这个事和没这个事又有什么区别呢？这就是"不诚无物"。

居于治世位置的君王想要为人民谋福祉，只有将至诚贯穿整个施政过程，应对任何政务都把人民的福祉放在首位，才可能真正做到仁爱人民；如果不能以自己的至诚贯穿终始，在遇到困难的时候，就难免会瞻前顾后，即便有所作为，也算不上是真正意义上的为人民谋福祉。对一般人来说，不能以至诚贯穿终始，就不能成就真正意义上的事。所以，君子修身必须以至诚为贵，只有做到择善固守，才能实现"自成其德"，所行无不合道循理。

"物"与"事"相通，《中庸》的"不诚无物"与《孟子》的"必有事焉"是相呼应的，可以结合《孟子》的"不诚，未有能动者也"来理解《中庸》的"不诚无物"。

【原文】

诚者，非自成己而已也，所以成物也。成己，仁也；成物，知也。性之德也，合外内之道也，故时措之宜也。

【老刘说】

"知"是智；"时措"即因时制宜，指根据时机的变化来合理应对。

"诚者，非自成己而已也"对应前文"能尽其性，则能尽人之性；能尽人之性，则能尽物之性"。人有至诚，不但能自成其德，还可以从能尽己性扩充至能尽人之性；从能尽人之性，扩充至能尽物之性，所以成物。

"成己"即克己复礼为仁，"成物"即知周乎万物而道济天下。"成己"则本心廓然大公，无丝毫私欲夹杂，这就是克己复礼的仁；"成物"则物各得其当，人和事都得到合理妥当的安排，这就是应变曲当的智。"成己"和"成物"是一不是二，"成物"只是"成己"的扩充推广，从体用一源的角度来说，"成己，仁也"是体，"成物，知也"是用。

至诚者能尽己性，合天地之道，所以能得时措之宜。"仁"和"智"并不是从外面来的，而是源于天命之性中固有之德，是与生俱来的。二者本质上是内外合一的。人能达于至诚，则仁、智兼得，应对人情事变皆能因时制宜。

本章的理解可以参照《大学》三纲。

《大学》开宗明义提出三纲领，即明明德、亲民、止于至善。

"明明德"的前一个"明"字用作动词，表示"懂得，达到"，在此处指始终做反求诸己的心性功夫。譬如镜子本来是明亮的，现在有污垢附着在镜面上，通过不断擦拭就可以让镜子恢复明亮，这个不断擦拭镜子的动作，就是此处"明"字的意思。"明德"指不假外求的心之本体，即"天命之谓性"的"性"，对应《中庸》所说的"自诚明，谓之性"。"明明德"即复其本体的功夫，对应《中庸》所说的"自明诚，谓之教"。

"亲民"即亲爱于民，"亲"字要从父母养育自己孩子的角度理解，既有亲情包含其中，也有把孩子养育成人的意思在，即包含"养"和"教"两层意思。"亲民"即明明德于民，也就是"修己以安人"，对应《中庸》的"能尽其性，则能尽人之性"；"亲民"本质上是涵养扩充自家德性，以德性通贯内外。

　　"明明德"侧重于内，是自立、自达、自成，是向内成己的内圣功夫；"亲民"侧重于外，是立人、达人、成人，是向外成物的外王事业；"止于至善"是"合外内之道也"。孔子说："修己以安百姓。""修己"就是"明明德"，"安百姓"就是"亲民"。"明明德"是"亲民"的内在依据，"亲民"是以自性之明德养民、化民。

　　"大学之道，明明德"是修道的内圣功夫；"大学之道，亲民"是弘道的外王事业。外王事业有大有小，齐家、治国、平天下，均是"亲民"事业，而"亲民"便是"明明德于民"。从这个角度来说，修身、齐家、治国分别是明明德于身、明明德于家、明明德于国。

【第二十六章】

【原文】

故至诚无息。不息则久，久则征；征则悠远，悠远则博厚，博厚则高明。

【老刘说】

"故至诚无息"承接前一章"故时措之宜也"。"息"即停息间断，"无息"不是指外在过程的连续不断，而是指始终处于"时中"状态，即"诚者物之终始"才是"无息"。同理，"不息则久"的"久"指的是"常于中道"。

"征"指向外影响的效果越来越大。对外的感化和教化是件"路遥知马力，日久见人心"的事情，持之以恒地积累，才能有显著的效验。从"修己以敬"到"修己以安人""修己以安百姓"，是一个推己及人的扩充过程，这就是"征"。

圣人的至诚，是纯然天理而无丝毫私欲夹杂，所以生生不息，不会有任何间断塞滞。圣人之德始终如一，必然能长久不变；此德显现于外，其效验随着时间的推移而积累，必然会越来越显著。

圣人之德著于四方，自近而远、自微而著，这是至诚无息长久积累的自然如此。"悠远"侧重指空间距离的辽远，"征则悠远"指圣人之德的影响效验越来越显著，进而在空间上影响的范围就会越发辽远广大。"博厚"指广博深厚，先有广博的积累才能深厚，"悠远则博厚"指随着圣人之德的彰显，影响的范围越来越广大，影响的人越来越多，积累也更加深厚。"高明"即高大光明，"博厚则高明"指圣人养物博厚，则功业显著，如日在中天，明照天下。

【原文】

博厚，所以载物也；高明，所以覆物也；悠久，所以成物也。

【老刘说】

这句是说至诚的功用。圣人之德的积累广博深厚，天下之物皆被其承载润泽；圣人之德的发用高大光明，天下之物皆被其广被照覆；博厚高明能在时间和空间上悠长久远，则天地之间的万物有所载覆，皆能各遂其生，各复其性，这就是至诚之德成就万物的道理。

> 此处不说"悠远，所以成物也"，而说"悠久，所以成物也"，是因为"悠"侧重指空间辽远，"久"侧重指时间长久。《周易·系辞上》中的"易从则有功""有功则可大"和"易知则有亲""有亲则可久"分别与"悠""久"对应。

【原文】

博厚配地，高明配天，悠久无疆。

【老刘说】

这句是说圣人与天地同体，对应前文的"可以与天地参矣"。

大地厚德载物，圣人的至诚之德与大地同样博厚，所以能厚德载物；上天高大光明，圣人之德与上天同样高明，所以能光耀照物。天地之道恒长久远，圣人德配天地，其悠久之事功与天地一样长久无穷。

【原文】

如此者，不见而章，不动而变，无为而成。

【老刘说】

"如此"指本章前文。"章"是"成章",以乐章的完整性做比喻,指有头有尾,终始如一。

圣人德著四方,化民成俗并不需要任何刻意掺杂其中,只是以己德顺应天理而行,恢复人的本性而已。没有看见圣人具体做了些什么事情,却看到圣人博厚的功业完整圆满;没有看到圣人做过什么具体动作,却看到万物因圣人而发生改变。这就是"无为而成"。

关于"无为而成"与"无为而治",可以参考《论语·卫灵公》第四章来理解:

子曰:"无为而治者其舜也与?夫何为哉?恭己正南面而已矣。"

"无为而治"要结合《周易》乾卦中的"用九:见群龙无首,吉"来理解。具体表现就是圣王治世,能任官得人,自己不亲自劳于事务。"无为而治"不是啥也不干,而是天子德能配位,以盛德本分而行,不是用智术笼络天下。同时又能慧眼识人用人,居上位不生事扰民,国家礼乐刑政秩序井然。上古圣王在位的时候,也是做了很多具体事情的,怎么可能啥也不干呢?圣王治政的重心在德上,不在具体事上。

孔子说:"自古以盛德治天下的圣王有很多,但有的因为国家处于开创阶段,有些事情必须亲力亲为,比如尧帝。有的则因为没有德才兼备的大臣能依仗,也不得不亲力亲为。如果君王面对的是天下大治的大好局面,且有德才兼备的大臣辅助,就可以无为而治。古代圣王中,最符合这一情况的非舜帝莫属。舜帝之前有尧帝把经纶开创的事情都做完了,他只需要沿袭现有的治理模式就可以了,同时又有禹、稷、契、皋陶、伯益等德才兼备的大臣辅助政务,具体事情是不需要舜帝去做的。舜帝只需要恭谨律己垂拱而治。"

不要想当然地认为"无为而治"的君王每天很轻松。相反,恭谨律己的修身进德功夫需要时刻存养,不容有丝毫懈怠,所以《尚书》提到舜帝,说他"无怠无荒"。正因为从未懈怠，才能成就其无为而治的治国理想。

【原文】

天地之道，可一言而尽也：其为物不贰，则其生物不测。

【老刘说】

"贰"是掺杂，夹杂。天地之道虽大，核心用一句话就可以概括：只是一个"诚"字而已。天地气机流行，只是一个至诚的道理而已，中间没有一丝一毫的掺杂，正因为其间没有任何夹杂，所以才化生万物，形形色色无法计量测度，一副鸢飞鱼跃的生机勃勃。

【原文】

天地之道：博也，厚也，高也，明也，悠也，久也。

【老刘说】

天地之道只是个至诚不贰，所以才能生物不测。地之道至诚不贰才得以广博深厚，能承载万物；天之道至诚不贰才得以高大光明，能照覆万物；天地之道至诚不贰才能恒长久远不可终尽。由此可见，圣人的悠远、博厚、高明，皆出于至诚无贰。

【原文】

今夫天，斯昭昭之多，及其无穷也，日月星辰系焉，万物覆焉。今夫地，一撮土之多，及其广厚，载华岳而不重，振河海而不泄，万物载焉。今夫山，一卷石之多，及其广大，草木生之，禽兽居之，宝藏兴焉。今夫水，一勺之多，及其不测，鼋鼍蛟龙鱼鳖生焉，货财殖焉。

【老刘说】

"昭昭"指很小的一块明亮之处；"华岳"指西岳华山；"振"指收摄其中；

"鼋鼍（yuán tuó）"即传说中的巨鳖和猪婆龙（扬子鳄）；"殖"是滋长繁衍。

　　天地之道至诚不贰，天地之间万物各盛其极，这就是生物不测之功用。就天而言，指其中一处来说，只是一小块明亮的地方而已；但从天的全体而言，则高大光明、无穷无尽，日月星辰皆分布其上，天下万物皆被天所覆盖笼罩，这是天的生物不测。就地而言，指其中一处来说，只是一小撮土而已；但从地的全体而言，则广博深厚、无可限量，西岳华山这样的大山可以承载其上，江河湖海可以收摄其中而不会有所泄漏，天下万物皆承载其上，这是地的生物不测。就山而言，指其中一处来说，只是一小块岩石而已，但从山的全体而言，则广阔高大，各种各样的草木都生发于此，各种各样的禽兽都居住于此，各类矿产资源等都藏于此处，这是山的生物不测。就水而言，指其中一处来说，只是一勺水而已，但从水的全体而言，则深广不测，各种各样的水生物皆在其中，各种水生资源能为世间之人所用，这就是水的生物不测。由此可知圣人于世间生物不测的功用。

【原文】

　　《诗》云："维天之命，於穆不已！"盖曰天之所以为天也。"於乎不显，文王之德之纯！"盖曰文王之所以为文也，纯亦不已。

【老刘说】

　　"维天之命，於穆不已"出自《诗经·周颂·维天之命》，全诗歌颂了周文王上应天命，品德纯美，德业泽被后世，后代当遵其遗教，发扬光大。"维"是句首语气词，主要作用是引出主语，无实意；"命"指天命；"於（wū）"是叹词，表示赞美；"穆"是"深远，幽微"的意思；"已"是"完结，结束"。合起来的意思是说，"上天赋予人天命，天道幽远深邃永不止息"。

　　"於乎不显，文王之德之纯"亦出自《诗经·周颂·维天之命》。"於乎"即"呜呼"，"不显"即"岂不显著"，"纯"即无丝毫夹杂。这句诗的意思是，"呜呼，怎么可能不显著于世呢？周文王之德如此至诚纯粹，无一丝一毫的夹杂"。

　　本章最后通过引用《诗经》的语句来总结前文。《诗经》中说："维天之命，於穆不已!"天之所以是天，正是因为天永无止息，否则就会四季不行，万物不生，天也就算不上是天了。《诗经》中说："於乎不显，文王之德之纯!"周文王之所以谥号为"文"，正是因为其德纯粹不杂，否则就不会有圣王功业了，也就没有资格称为"文"了。

　　天永无止息，文王德纯不杂，亦没有止息，二者皆是至诚不息，由此可以知晓圣人的至诚无息。

【第二十七章】

【原文】

大哉圣人之道！

【老刘说】

本章赞扬圣人之道的伟大，只有具备至德的圣人，才能真正率性成道。

"道"指率性之道，只有圣人具备率性之道，所以说"圣人之道"。

"大哉"表感叹。圣人参赞天地之化育，范围天地之化而不过，曲成万物而不遗，通乎昼夜之道而知。圣人之道无所不包，无处不在，天下没有什么比这更大的了。

【原文】

洋洋乎！发育万物，峻极于天。

【老刘说】

"洋洋"指流动充满，美盛洋溢的样子；"发育"指萌发和生长；"峻"本意是指高而陡峭，在此处形容圣人之道的高大；"峻极于天"指圣人之道充塞于天地之间。

圣人之道美盛洋溢，时刻生机勃勃，万物皆生发长育在其中，各安其位，大以成大，小以成小，万物皆顺应天理不失其所，各尽其宜；皆能归到天理秩序中本来应该在的位置上，各得其宜。由此可见，充塞于天地之间的圣人之道至大无外！

> 这个地方不要理解成圣人有让万物萌发生长的能力。圣人只是顺应天地大道"赞天地之化育"。庄稼在阳光雨露的滋养下自然生长，这是天地之化育；"春种夏耘秋收冬藏"是圣人之道。

【原文】

优优大哉！礼仪三百，威仪三千。

【老刘说】

"优优"指宽裕，充足有余的样子。"礼仪三百"指经礼，就是恒常不变的大的礼仪，对个人来说，指冠婚丧祭等大事的礼仪；对国家和社会来说，指祭祀、外交等重大礼仪。"威仪三千"指曲礼，就是个人在社会生活中，处于不同的环境，面对不同的人、不同的事所采取的不同行为礼仪等。

从万物各不相类各有区别的角度来说，圣人之道对载体的驾驭和彰显是充足有余的，仅仅从礼仪这个角度来说，就有经礼三百、曲礼三千，仪式程序及对象等，都各不相同，但其中的道理是相同的。即"礼仪三百，威仪三千"皆是天道流行的发见为用之处。由此可见，分殊于细微之间的圣人之道至小无内！

【原文】

待其人而后行。故曰苟不至德，至道不凝焉。

【老刘说】

"其人"指圣人；"至道"指圣人之道；"凝"指相合，融为一体，《周易·系辞下》中的"天下同归而殊途，一致而百虑"，"同归""一致"与"凝"字同义。

圣人之道，既"洋洋乎"至大无外，又"优优大哉"至小无内。但行此道并不容易，只有至德的圣人，才能参赞天地之化育，行道圆满。所以说，如果没有圣人这样的至德，既不能全面洞悉大道，也不能行道尽其精微，又怎么可能做到与至道完全合一呢？

【原文】

故君子尊德性而道问学，致广大而尽精微，极高明而道中庸。温故而知新，敦厚以崇礼。

【老刘说】

这一句是在说"修德凝道"的功夫。君子要想具有行圣人之道的能力，必须勤勉为学，如此才能自下学而上达。前文说的是圣人至诚，这句说的是贤德之人可以学而至诚。

"德性"即义理之性，也就是上天赋予人的正理。"尊德性"即先有个敬畏之心在，发自内心地恭谨景仰；如果懈怠弛慢，学问之功也就止步不前了，又怎么可能下学而上达呢？"道"指所由之路，是到达圣人境界的路径，"道中庸"的"道"是同样的意思；"道问学"即通过问学这条路才能到达圣人境界。

"君子尊德性而道问学"是说，君子为学，想到达圣人至德的境界，必须先对圣人至诚之道心有敬畏，发自内心地恭谨景仰。在这个基础上，想进入上达之境，必须勤勉问学。也就是说，必须通过具体的为学功夫才能上达。所以，尊德性功夫并不是空中楼阁，具体践履是其关键所在。

> "尊德性"是居敬，"道问学"是穷理；"君子尊德性而道问学"对应第二十五章的"成己，仁也；成物，知也。性之德也，合外内之道也"。

"致广大"的"致"是"到达"的意思，"致广大"是让心中的天理贯穿覆盖生命的纵向和横向。纵向是指整个生命的历程，横向是指自己世界中的天地万物。"致广大"要通过"尽精微"来实现，也就是十六字心传中说的"惟精惟一"。天理之光普照生命之旅的每一个角落，在"致"的过程中，细微之处自然囊括到具体功夫之中。

"尽精微"是"致广大"的途径，"道中庸"是"极高明"的途径。心的本体原本就是广大的，人如果做不到"尽精微"，心体就会被私欲所蒙蔽，心的广大程度，就会不断地被压缩，最后变得小得无法再小，为学者必须通过勤勉的心性功夫不断去除私欲遮蔽，在精微之处，细微曲折的地方，都能做到无任何遗漏，不间断地存养天理，校正心体，则私欲就不可能蒙蔽心体，如此才能让此心保持广大。

> 此处说的精微，既是指事理的精微，也是指念虑的精微。因为，道无精粗，人之所见才有精粗，所以念虑的精微就是事理的精微。

"极高明"的"高"指的是站得高，则看得远，高瞻远瞩；"明"是指明晰，看得很清楚；"极高明"是说心无一毫人欲之私，廓然大公，立心能超越万事万物，直指本质，不被其表面的浮光掠影迷惑；独立自主，不为外物所累，这就是"高明"。此心本高明，如果有私欲拖累，就昏昧不明，站不高也看不远；心无私欲拖累，则其心峻洁，就能站得高看得远，不会有昏昧不明的弊病，自然能"极高明"。

"不偏之谓中，不易之谓庸"，行事细密稳妥，无过无不及，是谓"中庸"。"极高明"必须"道中庸"才完整，如果只是追求"极高明"而不"道中庸"，就会外弃人伦，流入避世之学。圣人到达至诚的境界，靠的是"道中庸"的功夫。人在用世中，能做到处处合于不偏颇不变易的理之本然，就是"极高明"。

> 对应第四章理解，只知"极高明"而不知"道中庸"，则大道不行，这是"知者过之"；只知"尊德性"而不知"道问学"，则大道不明，这是"贤者过之"。

"温"本义为加热浴盆里的水，让水温适中。"温"和"煮"同样是对水加热，但意思有所区别，"煮"是急火加热，"温"是小火慢炖方式加热。"温"在这里有"时习"的意思。

"故"指旧所闻，包括以前的故事、典故等；"新"指今所得。"温故而知新"，旧时见闻和以前的故事、典故等，对应"博学于文"的范畴，"博学于文"的目的是"约之以礼"，不断地博文约礼才能不断地有所得，由此下学而上达就是"知新"。

道无精粗，人之所见有精粗，"温故"侧重于外在闻见，"知新"侧重于对义理的提高，也就是所得方面。通过"温故"对道的所见越精微，对天理也就越清晰。义理是道层面的事情，义理清楚了，也就掌握了应变的根本了，遇到任何事情都能处事不惊、随机应变。如果只"温故"而不能"知新"，最后只能成为两脚书橱，对自己的用世没有任何实际意义。

能"知新"，说明自己在义理上有进境，"知新"是在知其所以然的基础上有所精微。心得体会并不是凭空来的，而是从旧闻中开悟的，使内外新旧融于一体，才能与时俱进。

如果只在"温故"的层面，不能在义理方面有所进境，不能从义理的高度指导器用，就很难有所成就，更不要说去指导别人了。

学医只会死背医书是没多大用处的，如果只有病人的症状完全符合医书上说的，才勉强知道如何开药和处理；病人不按照医书生病，就不知道该怎么办了，这个水平又怎么能算合格的医生呢？真正明白其背后的道理，知其然知其所以然，即便病人的症状和医书上写的不一样，也不会束手无策。

"厚"是资质朴实，前面加个"敦"字，表示在这个基础上愈加厚重笃实，不敢有丝毫懈怠；"崇礼"指尊崇经礼和曲礼，对于礼仪之事谨之又谨。"敦厚以崇礼"对应《周易·文言·乾》："君子敬以直内，义以方外，敬义立而德不孤。""敦厚"对应"敬以直内"，"崇礼"对应"义以方外"。

"尊德性而道问学"是本句的纲领，后四句是说具体的功夫。"尊德性而道问学""致广大而尽精微""极高明而道中庸""温故而知新，敦厚以崇礼"

这五项，看起来是十件事，本质上只是一个"尊德性"而已。

下文的"居上不骄，为下不倍。国有道其言足以兴，国无道其默足以容"，是指如果这五项无论大小精粗都能做好，都能贯彻，盛德之效就自然会显现。下学上达的功夫，虽然是从下学开始，但关键是上下贯通；执守一隅，是不能进入上达之境的。

【原文】

是故居上不骄，为下不倍。

【老刘说】

此一段的内容是说贤人如何学习至诚之道、中庸之行。

"骄"本义指马健壮，引申指自高自大，傲慢瞧不起别人。"倍"通"悖"，即乖谬逆乱。"居上不骄，为下不倍"指居上位者应该兢兢业业，要有居上位者的样子，不能自恃富贵而傲慢自大，瞧不起下位者；作为下位者应该安分守己，要有下位者的样子，不能乖谬逆乱，干出违法乱纪的事情。此句的理解，可以参照《中庸》第十四章的"在上位，不陵下；在下位，不援上"。

【原文】

国有道其言足以兴，国无道其默足以容。

【老刘说】

"兴"即"一言兴邦"的"兴"；"容"指避祸容身。"国有道其言足以兴，国无道其默足以容"即邦国有道就正言正行，以此兴邦旺国；邦国无道就正行谨慎，以此避祸容身。

本句的理解，可以参照《论语·宪问》第四章、《论语·公冶长》第二十章、《论语·卫灵公》第六章。

《论语·宪问》第四章：

子曰："邦有道，危言危行；邦无道，危行言孙。"

"危"字在此处是"正"的意思，君子应当正言正行，但也要看清时位情况，懂得因时位制宜。"孙"是谦顺的意思，谦顺不是因为害怕祸患，而是因为毫无意义而招致灾祸的行为，是君子所不为的。

孔子说："君子处世应该正言正行，但也要认清形势，否则就是不智。如果邦国有道君明臣良，公道大行于天下，就可以正言正行，以明是非辨邪正，这是因为道与时势相合，只要自己正心无私，言行俱正也是没有祸患的。如果邦国无道君骄臣谄，公道不能明于天下，就要注意了，行为上要正，但不可屈身谄媚，做出退德损业之事，但言语方面要谦顺谨慎，不可锋芒毕露而招致灾祸，为儒者并不惧怕灾祸，但毫无意义的牺牲是不智的。小人道长君子道消的局势下，危行言孙是不得已的委曲避害之举。"

君子要时刻坚守自己的节操，所行无时无刻都必须正；但局势不好的时候要管住嘴巴，这是君子保身之智。毕竟阴阳消长，否极泰来，君子潜居抱道，坐待天时，不可逆天时而妄动。

《论语·公冶长》第二十章：

子曰："宁武子，邦有道，则知；邦无道，则愚。其知可及也，其愚不可及也。"

这个世界上有智慧的人，也有昏愚之人，还有一种是大智若愚的人，这种人深通韬光养晦之道，对时势变化洞若观火，善于以权济变。这类人装傻的时候，在别人眼里是昏愚的，但实际上他非常明智，宁武子显然就是这样的人。

宁武子是卫国九世公族，世受君恩，于情于理都是要与国同休戚的。宁武子在卫国出仕，历经卫文公、卫成公两任国君。《史记》载："文公初立，轻赋平罪，身自劳，与百姓同苦，以收卫民。"宁武子就展现其智，辅佐文公。这个阶段属于"邦有道"，在此期间宁武子并没有什么特别的事迹被载入史册，说明他的智慧普通人也可以达到，这就是"其知可及也"。

卫文公死后，他的儿子卫成公昏庸无道，国家政治昏乱，又得罪了大国晋国，不但失国，还差点被毒死。这个阶段属于"邦无道"，在此期间宁武子虽然也参与政事，却表现得很昏愚。一方面装糊涂保全自身，另一方面对于国家危局，他仍然在极力挽救，表面上好像碌碌无能，没有什么表现，但实质上是真真正正地在做有利于国家的事。"愚不可及"不是说他笨得不得了，而是指他大智若愚的大智慧，是别人很难达到的。

孔子说，宁武子身为卫国大夫，当国家有道，处于治平无事的时刻时，能知无不为，直道而行，自己的才智昭然显现，是个有智慧的人；当国家无道，处于危急存亡的时刻时，能不逃避自己的责任，收敛自己的锋芒，韬晦隐默、不露形迹地负重前行，与国家共患难，成就国家之事，是个大智若愚的人。

国家有道的大局势下，公道昭明，君子可以站出来彰显自己，这时宁武子的智慧并不能显露出来，这是"其知可及也"；国家无道的大局势下，小人道长君子道消，国势倾危，人心疑忌，正人君子自保尚且困难，更何况有所作为呢？宁武子大智若愚，能做到上济其君，下保其身，这正是他善藏其用的高明之处，这是"其愚不可及也"。

宁武子是个忠和智兼有的人，卫成公无道之时，负重前行显然是一件吃力不讨好的事情，从功利角度看，这个时候出来做事是愚蠢的。如果只是有智而无忠心在，就会选择深藏避祸，而宁武子能竭尽全力，不避艰险，可见其忠。

纵观历史长河，处常易，处变难，以智立功容易，潜藏其智进而成功困难。如果仅仅想通过避世求个保身，就不是儒家用世之道了。

《论语·卫灵公》第六章：

子曰："直哉史鱼！邦有道如矢，邦无道如矢。君子哉蘧伯玉！邦有道则仕，邦无道则可卷而怀之。"

史鱼是卫国大夫，名佗，字子鱼，也称史鳅。卫灵公时任祝史，负责卫国对社稷神的祭祀，故称祝佗。此人以正直著称。

"如矢"指像射出去的箭矢一样尖锐且直道直行。"卷而怀之"就是把字画等卷起来放在怀里，这里指蛰伏起来等待时机。

孔子周游列国的时候，曾经在卫国停留比较长的时间，对卫国大夫史鱼、蘧伯玉都有所了解，知道二者的贤德，故此称赞说："一般人在有道之世能保持正直，在无道之世就很难说了，而史鱼这个人在邦国有道的时候，能做到忠诚正直，没有任何袒护包庇，就像箭矢一样直道直行；在邦国无道的时候，一样忠诚正直，没有任何迁就徇私，像箭矢一样直道直行。"即便时势变迁，史鱼也能坚守原则而无所动摇，以正直著称。

孔子又称赞蘧伯玉说："一般人修德未成的时候，在进退之间难免会有所动摇。蘧伯玉这个人在邦国有道的时候，能居位行志，顺应大势做好安民济世的事情；邦国无道的时候，则能从容隐去，蛰伏起来等待时机。能做到这样随时进退，各适其宜，已经非常接近圣贤大道了。所以说蘧伯玉是个合格的君子。"

这两个人是鲜明的对比，史鱼这种人是直臣，有这类人在，就能保证正气始终在；蘧伯玉这种人是有才干的人，是"达则兼善天下，穷则独善其身"的人，有这类人在，就能保证希望始终在。奈何卫灵公无道，不能用好这两个人。

【原文】

《诗》曰："既明且哲，以保其身。"其此之谓与？

【老刘说】

"既明且哲，以保其身"出自《诗经·大雅·烝民》，本诗为周宣王时代的重臣尹吉甫所作。周宣王派仲山甫去齐地筑城，临行时尹吉甫作此诗赠之。仲山甫在周宣王元年受举荐入王室，任卿士（相当于后世的宰相），位居百官之首，封地为樊。

"既明且哲，以保其身"即"周之贤臣仲山甫，既能明理，又能察事，所以能保全其身，不会招致灾祸"。此处引用的意思是说，修德君子，应该素位而行，随处得宜，既能做好本职工作，又能明理察事以保全己身，行中庸之道的人也应该做到这样，所以说"其此之谓与"。

【第二十八章】

【原文】

子曰："愚而好自用，贱而好自专，生乎今之世，反古之道。如此者，灾及其身者也。"

【老刘说】

这句是进一步说明"为下不倍"，人不能中庸，就做不到事事合宜妥当。刚则必取祸，柔则必取辱。

"反"指复行其道。"贱"在此处指下位者或者无位者。政治体制中的上下关系是以事为主的，按照一般行政规则，处于下位的人应该清晰自己的职权边界。因为上位者得到的信息更全面具体，做出的决策是基于全局考虑的，这样的决策对于下位者来说或许不够公平。下位者得到的信息往往不够全面，如果基于片面信息就擅作主张，后果会很严重，轻则僭越悖逆，重则导致事情完全崩坏失败。

孔子说："昏昧愚蠢的人往往缺乏自知之明，自以为比别人聪明而冥行妄作，既不清楚事理是什么，也不清楚为什么这么做，只是固执己见，跟着感觉走，懵懵懂懂地任意去做，自己也不知道自己在做什么。处于无位之地的人往往缺乏对事理的深入了解，不懂得自己行事的分寸和边界，由着性子独断独行，这样难免会要小聪明做出僭越的事情。生活在当下，却不能融入当下，既不能适应当下的社会秩序，亦不能遵守当下的法度和礼俗，偏要特立独行，拿古代的法度和礼俗作为自己的生活准则。像这样的人，灾祸一定会降临其身。"

> "反古之道"的"道"，在此处指法度和礼俗，是摸得着看得见的有形有质范畴，也就是下文说的"议礼、制度、考文"之事。不要理解成"形而上谓之道"的"道"。

说到"礼"，这里展开讲一下圣人治世的仁、义、礼。

圣人治世就像一个慈爱的妈妈照顾一院子的小朋友一样，把所有孩子都当成自己的孩子，心里充满爱，这就是"仁"。圣人仁爱自己的孩子，所做的一切都是为了无微不至地呵护孩子，让孩子平平安安、健康成长。但这种照顾不是无原则溺爱，而是用赏善罚恶的手段让每个孩子都健康成长。孩子做得好，就给予赞许和奖励，做得不好就给予批评和惩罚。

因为人与人相处，必须有一套对各方都恰当和行之有效的交往规则，这是"义"的范畴，也是"义"要解决的问题。譬如孩子玩水可能有生命危险，这种行为要可控或禁止；孩子之间发生纠纷和冲突，要有一个让大家都能接受的公平规则。

"义者，宜也，人之所宜"，一套能普宜万物，能让万物趋向更美好的秩序和更美好结果的正当性准则，就是"人之所宜"的"义"。（此处可以参照《周易·文言·乾》："元者，善之长也；亨者，嘉之会也；利者，义之和也；贞者，事之干也。"）

圣人赏善罚恶是为了维护"义"，为了让孩子自觉遵循一套对他们生存更好的准则。这样才能趋福避祸，好好成长。推而广之，天下万物能各行其宜，天下就不会乱，万物就能各得其是（成/终）。所以，立功立事，必以"义"为基本。

如果有的小朋友很顽皮健忘，天天打屁股也没用，他不能理解什么是善什么是恶，也不能理解正当和不正当的区别，对于大人的奖赏和处罚总记不住。这样的小朋友数量多了，照顾起来就很头疼，工作量也实在太大，那该怎么办呢？

后来圣人想了个办法，就是制"礼"。"礼"是让人应该怎么做人做事的伦理法规制度，有了这套东西，再顽皮的孩子，只要能按照自己所处的时位行事，就不会干扰整个秩序，社会就不会乱套。

"礼"就像现在的交通标志系统一样，不管驾驶员的水平高低或人品好坏，只要按照交通信号标志行驶，不违反交规，所有机动车辆就能彼此相安无事，整个交通秩序就能健康良好。

"礼者，人之所履"，圣人以"礼"的规范引导人们遵守社会伦理规则，以礼教化天下，让人们勤奋地学习和实践，最终人们从无证驾驶变成实习司机，再从实习司机变成优秀驾驶员。当人人都变成优秀驾驶员之后，所有人都近乎本能地按照伦理规则做人做事，这样人伦之序就形成了，健康稳定的社会秩序就建立起来了。

【原文】

非天子，不议礼，不制度，不考文。

【老刘说】

"议礼"指制定礼乐标准。

"制"即制造、拟订；"度"指宫室、车、服、用具等的等级；"制度"即按照地位身份的不同制定待遇等级。

"考"指制定正确的标准和规范等；"文"指文字的写法、发音，以及文章、书籍的规范等；"考文"即确定文字和书籍等的标准和规范，相当于现在文化部门制定文字标准和管理出版物等。

政教出于朝廷，事权统于君上，不是臣下有资格干预的，这是治世的常识。一个国家的礼法、制度只能有一个，这样国民才能有统一的行事标准，国家才能有秩序。就像一个国家的交通法规和信号标志系统的标准只能有一个一样，如果出现两个以上的标准，开车的人就不知道该遵从哪一个了，整个交通系统就乱套了。所以，从治世的角度来说，礼乐的影响不仅仅在当下，没有深远眼光是不能制礼乐的。

【原文】

今天下车同轨，书同文，行同伦。

【老刘说】

"今"指周朝；"轨"是马车车轮留下的车辙痕迹，这里指度量衡的统一；"行"指行出来的礼。

先有"议礼"，然后可以制行，所以"行同伦"；先有"制度"，然后可以为法，所以"车同轨"；先有"考文"，然后可以合俗，所以"书同文"。

周朝的议礼、制度、考文等，出自周文王、周武王、周成王、周康王，这些典章制度为后人世代遵守。圣人居天子位所制之礼乐，是不可逾越的。

> 此处的"车同轨"对应前文的"不制度"；"书同文"对应前文的"不考文"；"行同伦"对应前文的"不议礼"。孔子所处的时代，礼崩乐坏，家殊国异。圣人虽有至德，奈何无位，不具备作礼乐的资格，所以下文说"吾从周"。

【原文】

虽有其位，苟无其德，不敢作礼乐焉；虽有其德，苟无其位，亦不敢作礼乐焉。

【老刘说】

必须圣人居天子位，才具备制礼作乐以教化天下的资格。居于天子之位却无圣人之德，属于德不配位，不具备制礼作乐的能力，不敢轻易做这件事；具备圣人之德却无天子之位，属于名不正言不顺，不具备制礼作乐的权力，亦是不敢轻易做这件事的。

"有位无德而作礼乐"即"愚而好自用";"有德无位而作礼乐"即"贱而好自专"。只有德位兼备,圣王治世,才能作礼乐垂法天下。

【原文】

子曰:"吾说夏礼,杞不足征也;吾学殷礼,有宋存焉;吾学周礼,今用之,吾从周。"

【老刘说】

夏的后代封在杞国,殷商的后代封在宋国。对于夏的"礼"孔子能说明白,但没办法证明,因为在杞国的夏的后裔没办法提供足够翔实的佐证;同样,殷商的"礼"孔子也能说明白,但在宋国的殷商的后裔同样没办法提供足够翔实的佐证。孔子有德无位,不具备制礼作乐的资格,所以学习周的礼乐,用周的礼乐,在礼乐方面以周的标准执行。

此处的理解,可以参照《论语·八佾》第九章和第十四章,以及《论语·为政》第二十三章。

《论语·八佾》第九章:

子曰:"夏礼,吾能言之,杞不足征也;殷礼,吾能言之,宋不足征也。文献不足故也。足,则吾能征之矣。"

礼的真意是伦理秩序,虽然表现形式各不相同,但本质都是内心之仁的发用流行。比如君臣之礼是政治伦理的表述,君臣是以事为主的,只有上下职责秩序清晰和谐,才能达到治世的目的。"礼"不是突然就有的,而是从历史中传承来的,要想知道"礼"的内在真意和具体形式,就必须参考历史,推往知来,并验证于当代。"礼"的核心是内在之仁,制度、仪式等必然会始终在变化之中，唯有仁不变。

周武王统一中国之后，将尧、舜、禹、汤的后代都封了诸侯，夏的后代封在杞国，殷商的后代封在宋国。按照《春秋》的记载，杞国向上行文的时候，最初称侯，后来称伯，再后面自称子。古代爵位高低以"公、侯、伯、子、男"为序，在诸侯国时代，爵位决定了赋税纳贡的数量，就像现在行政区划一样，市一级的税负要比县高，县要比镇高。杞国最初按照侯爵的标准赋税纳贡，后面实在撑不住了，为了降低赋税就主动降低自己的爵位，按照子爵的级别纳贡。杞国发展越来越差，自然就失去了延续自己历史文化的能力。

"夏礼，吾能言之，杞人足征也；殷礼，吾能言之，宋不足征也"是说夏的"礼"和殷商的"礼"孔子能说明白，但没办法证明，因为夏的后裔杞国人和殷商的后裔宋国人没办法提供足够翔实的佐证。

"文献"的"文"指各种典籍档案等；"献"指熟知情况的贤人。"文献不足故"即既没有足够的物证，也没有真正清楚情况的人证，夏礼和殷礼的原貌就没办法被证实了。"足，则吾能征之矣。"如果有翔实的人证物证，夏礼和殷礼的原貌就可以被证实了。夏殷两朝的礼不能被证实，也就不再使用了，只能作为后代创制礼法的一个参考。

《论语·八佾》第十四章：

子曰："周监于二代，郁郁乎文哉！吾从周。"

"监"通"鉴"，是"借鉴，以……为鉴"的意思；"二代"指夏和殷商，儒家典籍中说的"三代"指的是夏、商、周。夏、商、周不仅是王朝的变革，也是文化和精神的变革，三代文明各有特点。夏道尊命，殷人尊神，周人尊礼，夏代的核心观念是尊崇天命，殷代的核心观念是尊崇鬼神，周代的核心观念是尊崇礼法，三代各有不同，文化观念的变迁清晰可见，礼的表现形式也在同步变化，周礼是在借鉴前两代经验的基础上，加以改进和完善而形成的。

简单说一下"质"与"文"。"质"即本质,"文"即文饰。礼的内容和形式,就是"质"与"文"的关系,二者相当于月饼和月饼包装盒,月饼对应"质",包装盒对应"文",没有包装盒的月饼怎么看都像"三无产品",是上不了台面的;但十块钱的月饼配一千元钱的包装盒,显然是过度包装了,所以月饼和包装盒一定要匹配,有一个合适的度。对于一个人来说,如果过分强调质朴,难免会举止粗鄙;过分强调仪式,难免会流于虚伪。这个道理可以结合《周易》贲卦理解。

夏的礼侧重于本质,殷商的礼侧重于外在形式,周的礼二者并重。"周监于二代"是说周朝所建立的文化体系是集上古之大成,今天的中国文化,本质上是周文化的延展。"郁郁"是形容词,表示非常茂盛,比如成语"郁郁葱葱"。"郁郁乎文哉"指周礼能兼收并蓄,承先启后,"文"和"质"比较平衡,符合中庸之道。所以孔子说"吾从周"。

礼是天理流行的具体彰显,只要真正懂得礼的本质,就不至于教条化,现在社会的礼仪风俗等,依然要立足于根本不变,具体制定要因时制宜合理化,符合时代的特点和需要,文质并重。

《论语·为政》第二十三章:

子张问:"十世可知也?"子曰:"殷因于夏礼,所损益,可知也;周因于殷礼,所损益,可知也。其或继周者,虽百世,可知也。"

《论语》这一章是讲为政要继往开来,由此可以知晓世事演变的道理。古人以三十年为一世,世是个时间长度单位,"十世"即三百年,虚指时间久远。

子张问老师:"十世可知也?"是在问为政这件事情是不是可以做到先知。

子张这句话问得很笼统,有点没头没尾的感觉,《论语注疏》把这句话补充为"夫国家文质礼变,设若相承至于十世,世数既远,可得知其礼乎?"即一个朝代从建立开始能摸得着看得见的制度、礼仪等都会不断地变化，如果这个朝代延续十代之久，能否推演出这些变化呢？

"因"是"沿袭；前后相承"；"礼"在这里兼指一切政治制度、社会风俗，以及伦理彰显出来为大众所遵守的一切；"损益"和加减的意思差不多，指在原有的基础上有所增减变通。

孔子指出历史演变这件事是有迹可循的，参考已往，就可以知道恒常不变的部分和一定会因时势而变化的部分，所以从为政的角度来说，将来的演变是可以预知的。一个"礼"字便把历史演变的种种重要事项都包括在内，"礼"的表现形式必然会随着时代的变化而变化，但"礼"的本质是恒常不变的。孔子以夏、殷、周三代之间的顺承沿革，来讲解其中变和不变的规律，由此说明未来是可以推演的。

子张问得笼统，孔子以朝代礼仪制度的更替为例，说明其中内在不可变的部分；以"为政以德"为主线，阐明世代变更的本质。夏代由"仁"变为"不仁"，其德衰亡，其礼也随之衰落；殷商承接"仁"而不变，其礼沿袭夏礼，又能因时损益，所以殷商取代夏而立世。周朝取代殷商也是同样如此，就算是百世更替，也同样离不开"为政以德"这四个字。知道了沿袭和变革的道理，自然也就知晓了推往知来的推演之法。《周易》损卦象辞说："损益盈虚，与时偕行。"说的也是这个道理。

【第二十九章】

【原文】

王天下有三重焉，其寡过矣乎！

【老刘说】

本章承上文夏、商、周三代之礼，以明君子之道。

"王"的三个横表示天、地、人，中间一竖表示参通天、地、人；"王天下"指参通天地之道，以礼表正天下。

"重（zhòng）"指重点、关键，"三重"指三王之礼，也就是夏礼、殷礼、周礼。

东周后期，周天子有天子之位而无天子之德，法天则地、代天安民的天人之理逐渐泯灭不见；孔子虽然没有天子之位，但有天子之德，知晓圣王治世之道。故此，损益三代之法作《春秋》，借助天时立义，代替天道示赏罚，以礼表正天下之法。

圣王治世的时代，皆以礼为重，三代的礼各有侧重。夏朝的礼侧重于忠诚朴实的本质，弊端是民众少礼数而放任粗野；殷商的礼侧重于敬天畏地的外在形式，弊端是民众过分崇信鬼神而偏离正道；周朝的礼二者并重，弊端是民众缺少真诚，不诚恳。三王之礼都不能尽善尽美，只是过失有多有寡而已。

【原文】

上焉者，虽善无征，无征不信，不信民弗从。下焉者，虽善不尊，不尊不信，不信民弗从。

【老刘说】

"上"指三王以上；"征"指可以考证。

夏礼和殷礼虽然有好的一面，但因年代久远而无法考证，无法考证就很难取信于人的，不能取信于人则民众就不会遵守。

"下"指三王之后的孔子时代。孔子虽然知晓以礼为重的好处，也具备制礼作乐的能力，但因其不在天子的尊位上，所以得不到民众的尊崇，没有尊崇就难以取信于人，不能取信于人则民众就不会跟从。

【原文】

故君子之道，本诸身，征诸庶民，考诸三王而不缪，建诸天地而不悖，质诸鬼神而无疑，百世以俟圣人而不惑。

【老刘说】

"君子"指能"尊德性而道问学"的人，这里指孔子；"本诸身"即求诸德性之本；"征诸庶民"指以实践效果检验是否合宜妥当；"考诸三王而不缪"指稽考是否合于三王的成法，是否有所差缪，也就是《孟子·离娄下》中说的"周公思兼三王，以施四事，其有不合者，仰而思之，夜以继日；幸而得之，坐以待旦"。

从治世的角度来说，人君居至尊之位众望所归，承担了教化兴废的责任、风俗善恶的责任、伦理秩序好坏的责任，一言一行牵动天下，施政必须慎之又慎。大道虽然是"本诸身"的，但行道的得失会在施政之后显现，从庶民中得到反馈。如果人人都能发自内心地奉行遵守，公序良俗得以形成和发展，这就说明所施之政是正确的。所以，人君既要对内观己之所思所行，也要对外观民德之善恶变化，时刻稽考是否合于三王之道而没有差缪，以此修身进德，才能表征天下而无咎。

> "本诸身，征诸庶民"与《周易·易经上·观》九五爻"九五：观我生，君子无咎。《象》曰：'观我生'，观民也"意思相同。人君既要观自己的得失，也要观治世的效验，以此自我省察。这就是"本诸身，征诸庶民"的意思。所以，《大学》的"亲民"必须先"明明德"；《中庸》的"成物"必须先"成己"。

天地之道无法自成，必须有圣人裁成辅相，才能成物。譬如天地能生长庄稼，但耕田种地的事情必须有人的参与才能完成；水能润物，但灌溉农田的事情必须有人的参与才能完成；火能加热东西，但煮饭做菜的事情必须有人的参与才能完成。

圣人制礼作乐效法天地之道，是"后天而奉天时"。依照天地自然的道理，没有任何违背之处，就是"建诸天地而不悖"。

> 《周易》泰卦："《象》曰：天地交，泰。后以财成天地之道，辅相天地之宜，以左右民。"此与"建诸天地而不悖"的意思相同。

"鬼神"指合鬼神之理。圣人制礼作乐符合天地大道，虽然鬼神之道幽冥难知，但鬼神之道亦不外乎天地大道，即便以此质证鬼神，它的屈伸变化也不过是这样的道理，又有什么可以疑惑的呢？

> 《礼记·乐记》曰："明则有礼乐，幽则有鬼神。"鬼神是天地造化之妙用，礼乐是人心之妙用。所以，鬼神生成万物，礼乐生成万民。

前文讲过，古人以三十年为一世，"百世"即三千年，虚指时间非常久远；"俟"是等待。"百世以俟圣人而不惑"是说，君子之道古今一理，就算再过三千年这样久远的时光，再有圣人临世制礼作乐，也只是同样如此，又有什么疑惑的呢？

【原文】

　　质诸鬼神而无疑，知天也；百世以俟圣人而不惑，知人也。

【老刘说】

　　"知天"是识知天地之道；"知人"是识知人之道。

　　天地鬼神之道，只是生物成物而已，圣人法天则地，制礼作乐也只是顺应天地之道而已。"质诸鬼神而无疑"，是圣人识知天地之道的体现。

　　人之道是天地大道在人世间的运转流行，大道的载体是人；天地之道无法自成，圣人顺应人性裁成辅相，才能成物。"百世以俟圣人而不惑"是圣人识知人之道的体现。

> 此处"知人"与"知天"并列，此处的"知"对应前文的"成物，知也"，不能仅仅理解成知晓、了解。所以，"知人"是尽人之性，"知天"是赞天地之化育。

【原文】

　　是故君子动而世为天下道，行而世为天下法，言而世为天下则。远之则有望，近之则不厌。

【老刘说】

　　"世"不是指"世间"，而是指"世代"，也就是"为后世典范"的意思；"道"指所由之途径；"法"是效法；"则"是准则；"望"是仰慕；"厌"是厌恶。

　　君子制礼作乐，是裁成天地之道，辅相天地之宜，合于大道，循于天理。

君子之道，与天地合其德，日月合其明，四时合其序，鬼神合其吉凶。因此，君子可以立天下万世之典范，举动皆可以作为后世之人用世共由的途径；实施的政教之法，皆可以为后世治世之人所效法；言语文字皆可以作为后世之人的用世准则。君子的"动、行、言"成为天下的"道、法、则"，就是明明德于天下，亦是天下之达道。

君子的容貌威仪，非礼勿履；处物治事，行皆合度；声音辞令，言皆合文。远方的人就会慕德而来，近处的人会欢欣鼓舞，不会产生丝毫厌恶之心。

"远之则有望，近之则不厌"对应《论语·子路》第十六章：子曰："近者说，远者来。"孔子说："为政之道，在于民心之得失。为政者能做到有向心力，治下的民众就能感受到德政之泽，愿意心悦诚服地留下来；远处的民众听闻此处的德政，就愿意投奔而来，这就是正确的为政之道。"

从做领导者的角度来说，能让跟随的人不愿离开，外面的想来投效，就是成功的领导者。相反，如果身边的人都想离开，对外面的人又没有任何吸引力，这必然是领导者自己出问题了。从国家外交的角度来说，能够与邻近的国家相处敦睦；距离远的国家，也愿意来交往，就是成功的外交政策。

"是故君子动而世为天下道，行而世为天下法，言而世为天下则"对应《中庸》第三十一章的"见而民莫不敬，言而民莫不信，行而民莫不说"。

【原文】

《诗》曰："在彼无恶，在此无射。庶几夙夜，以永终誉。"君子未有不如此而蚤有誉于天下者也。

【老刘说】

"在彼无恶，在此无射。庶几夙夜，以永终誉"出自《诗经·周颂·振鹭》，大意是说：周天子封王的夏商后代，夏之后的杞国君，殷之后的宋国君，在自己的封国中没有人怨恨，来到周天子宗庙助祭也无人厌恶。希望这二位国君勤于政事，永远享有这样的盛誉。

"蚤"通"早"。此处引用《诗经》中的话，是为了说明君子要想以盛德隆誉于天下，就必须如此。

【第三十章】

【原文】

仲尼祖述尧、舜，宪章文、武，上律天时，下袭水土。

【老刘说】

孔子为中庸之道的集大成者，本章申明孔子之德通天地古今，圣人法天则地，素位而行，通恒长久远之道。

本句写成"仲尼祖述于尧、舜，宪章于文、武，上律于天时，下袭于水土"，就好理解了。

"述"是因循，"祖述"指承袭前人之道。中华道统是一脉相承的，大道行于天下最为鼎盛的时候，莫过于圣王治世的尧舜时代，孔子承袭的大道就是从这个地方来的，譬如"人心惟危，道心惟微；惟精惟一，允执厥中"的十六字心传，"德惟善政，政在养民"的以德治政方法，"满招损，谦受益"的修身进德方法等。这就是"祖述尧、舜"。

"宪"是效法，"宪章"指效法前人的章法；"文武"指周文王和周武王。以圣人之道治同，礼乐政刑体系最为完备且能考证的，莫过于周文王和周武王时代，孔子谨守其典章制度，譬如制礼作乐等，皆以周制为准，不敢有丝毫"自用、自专"。这就是"宪章文、武"。

"律"是遵守；"天时"指春夏秋冬各循其序，运行通畅不滞。孔子仰观天文，按照天运变化随时变易，因时制宜各得其当，这就是"上律天时"。"袭"

相当于"因地制宜"的"因";"水土"指不同地方风土人情等不相同。孔子俯察于地,根据水土不同而因地制宜,顺应当地事物运行的规律,安土敦乎仁,随遇而安,无所不宜,这就是"下袭水土"。

"上律天时,下袭水土"对应《中庸》第十二章的"察乎天地"。"祖述尧、舜,宪章文、武,上律天时,下袭水土"是描述圣人的功夫,本末、内外、精粗都兼顾到了。

> 从孔子作《春秋》的角度来理解本句。"祖述尧、舜,宪章文、武"是说以尧舜之道和文武之章拨乱反正;《春秋》中的四时和灾异之事,对应"上律天时";《春秋》中记载的诸如诸夏之事、山川之异等,对应"下袭水土"。

【原文】

辟如天地之无不持载,无不覆帱,辟如四时之错行,如日月之代明。

【老刘说】

"辟如"即譬如;"持载"即承载;"覆帱(dào)"即覆盖;"错"在此处指彼此因循不冲突,比如两车会车时的"错车","四时之错行"指四季有条不紊地轮换;"代"是交替;"日月之代明"指太阳和月亮交替光明。

《中庸》第二十七章说:"大哉圣人之道!洋洋乎!发育万物,峻极于天。"圣人通阴阳消长之道,知天下之理。从载覆的角度来说,圣人之道博厚如大地,无所不承载;高明如上天,无所不覆盖。从运行不息的角度来说,圣人之道如同四季轮换一样永不停息;如同日月交替光明一样永无止息。

【原文】

万物并育而不相害,道并行而不相悖。小德川流,大德敦化,此天地之所以为大也!

【老刘说】

"育"指生发养育；"害"指侵害；"道"是一阴一阳之谓道的"道"。"川流"指像河水流动一样，"敦化"指敦厚化生。"大德"和"小德"是对应的说法，"大德"是对应汇总处来说的，"小德"是对应分散细微处来说的，譬如一棵树，"大德"是根，"小德"是枝叶和花果。从《周易》系辞的角度理解，"小德川流"对应"曲成万物而不遗"，是说细无不入；"大德敦化"对应"范围天地之化而不过"，是说大无不容。

从体物成物的角度来说，"小德川流"对应"动以利物之智"，是成物；"大德敦化"对应"静以裕物之仁"，是体物。

从制礼作乐教化天下的角度来说，制礼作乐的道理只有一个，即克己复礼而化民成俗，这是"大德敦化"；礼乐的落实需要根据时势而因时（地）制宜，以此润泽人心，达到教化的目的，这就是"小德川流"。"小德"的总源头依旧是"大德"，二者是个"总—分"的关系；从体用角度来说，"大德"为体，"小德"为用。

天覆地载的万物，在天地之间各遂其生，大道对于万物大以成大，小以成小，万物各得其所，不会互相妨碍侵害。阴阳消长之道与时偕行，各循其度而不相违背。小德如同河流溪水一样润泽万物，大德是小德的根源，是万物化生的本原，敦厚盛大而化生无穷。这就是天地伟大的原因。

《周易·系辞下》曰："天地设位，圣人成能。"天覆地载生成万物，圣人乘天地之正，裁成天地之道，辅相天地之宜，以成就万物生成之功。这就是圣人伟大的原因。

【第三十一章】

【原文】

唯天下至圣，为能聪明睿知，足以有临也。

【老刘说】

"聪"指能听清楚，奸声佞辞不能入心为"聪"；"明"指能看清楚，乱色谀容不能入眼为"明"；所思深明通达通微是"睿"；文理密察是"知"。"临"指以上临下，对应前文的"本诸身，征诸庶民"。

圣人至诚通天，对于义理无所不通。至聪则能兼听则明，分辨清楚其中的是非对错；至明则能毫毛毕现，看清楚事情的本质；至睿则能圣算通微，事事皆通；至知则能圣算无遗，先天而天弗违，即"成物，知也"。

圣人聪明睿知，明天地阴阳变化之道，察天下情伪利害之故，不依仗威胁利诱的霸术手段，就能让人心悦诚服。所以说"足以有临也"。

"以德服人"包含两层意思：

第一层是平常大家都理解的内容，即自己有仁德，言行举止等都足以为人典范，让别人不得不发自内心地尊敬和钦佩，被自己的人格魅力感化，自发地见贤思齐；自己也因此获得很高的个人威望。

第二层是从"德"的根本处来理解，德与道是严丝合缝的对应关系，有至德则能完全通达大道，明天地阴阳变化之道，察天下情伪利害之故。以此看世间的人和事，都是清清楚楚、明明白白的，别人在自己面前作伪耍手段等，都能看得一清二楚。面对这样能一眼看穿自己的人，即便是人品不太好的人，也会不敢有任何欺瞒。

【原文】

宽裕温柔，足以有容也；发强刚毅，足以有执也。

【老刘说】

"宽裕温柔，足以有容也；发强刚毅，足以有执也；齐庄中正，足以有敬也；文理密察，足以有别也"之前省略了"唯天下至圣，为能"。上述四点对应仁、义、礼、智，即"宽裕温柔"对应"仁"；"发强刚毅"对应"义"；"齐庄中正"对应"礼"；"文理密察"对应"智"。

"宽"指不苛察小事，也就是人们说的大事明白小事"糊涂"。"裕"指不急功近利，给别人空间和时间来成长。"温"即"谦谦君子，温润如玉"，与这样的人相处，让人如沐春风。"柔"指上位者怀德为柔，君以德蓄臣，臣以其能事君。这四点放在一起，就是居上位者之"仁"，"仁"能容人蓄物，所以说"足以有容也"。

"发"是奋发，即始终保持上进心，不颓废、不消极，对应"天地之大德曰生"。"强"本义是"弓有力"，引申为有力量，对应《周易》乾卦的"天行健，君子以自强不息"。"刚"是刚断，指杀伐果断，临事有主见能作决断。"毅"是坚韧持守，能担起重任。这四者都是发见于外而不可掩处。"执"是有所持守不动摇，"执"在内不在外，相当于"至诚无息"之"诚"，或者"有亲则可久"之"亲"。内心能坚定持守中道，对外能表现出来的就是"发强刚毅"，所以说"足以有执也"。

【原文】

齐庄中正，足以有敬也；文理密察，足以有别也。

【老刘说】

"齐（zhāi）"即斋，有的版本直接写成"斋"字。"斋"本义是古人在祭祀或举行典礼前整洁身心，让本心复归诚敬虚静的状态。《说文解字》中说："斋，戒洁也。""斋"的重点是存神归道。"庄"即"临之以庄"的"庄"，本义是严肃庄重，此处指内心有真正的庄严情操。自己先有个严肃庄重的心在，民众自然就会心存恭敬。

"中"即合于中道；"正"即持守贞正。内心中正展现于外就是"齐庄"，这是自然而然的事情，不需要刻意为之，不然就会有放肆怠惰的过失。如果刻意装模作样给人看，不但自己很累，也违背自然之则。从这个角度来说，能做到内心中正，存心规道，严肃庄重，"敬"是自然而然的事情。所以说"足以有敬也"。

"文"本义指"物体表面交错的花纹"，在这里指彰显在外的行为。"理"本义是在工坊里将璞玉雕琢成器，雕琢的关键是顺应玉石原有的纹理。"文"和"理"本质上是一件事情，能看得见的是"文"，看不见的是"理"，内外一体。"密"指极其深入，进入深邃幽暗处；"察"即纤微皆能审。

"文理密察"指对表面现象和背后原理都能进行深入的研究，既知其然，也知其所以然，到达这个程度，自然就具备了一定的分辨能力。所以说"足以有别也"。

> "齐庄中正"是"敬以直内"，以至诚尽己之性；能"齐庄中正"，自然也能"文理密察"，"文理密察"是尽人、尽物之性，是"成物，知也"。所以二者"合外内之道也"。

【原文】

薄博渊泉，而时出之。

【老刘说】

"溥"是无不周遍；"博"是所及广远；"渊"指深渊，此处侧重指深邃而不可知；"泉"本义是地下涌出的水，此处侧重指永不枯竭的有源之水；"出"指发见于外。

天下至圣，既有聪明睿知的天资，又有仁义礼智之德，以此泽及天下，没有覆盖不到的地方，无论多远都可以触达。天下至圣通达所有的义理，无论面对什么样的情况都能合宜妥当应对，所行合乎义理。涵化万物的智慧如同深渊一样深不可测，如同地下泉眼中涌出来的水一样永不枯竭。

【原文】

溥博如天，渊泉如渊。见而民莫不敬，言而民莫不信，行而民莫不说。

【老刘说】

"溥博"如天高之不可穷，"渊泉"如渊深之不可测。圣人得到中庸精髓之后，所拥有的如天空般辽阔广大，如深渊泉水般深邃不可知。圣人之德发见于外，以此用于政教之事，民众无不景仰；以此用于言语，民众无不信服；以此用于行动，民众无不喜悦。

从心性功夫的角度来说，人心就是天和渊。心的本体无所不包，只要知觉能达到的地方，心就能触摸得到。心的广大辽阔（天）和深邃悠远（渊）一旦被私欲遮蔽了，心的本体就不是原本该有的样子了。只有去掉私欲遮蔽，心才能真正广大辽阔（天），才能逍遥自在；只有去掉私欲遮蔽，心才能真正取之不尽用之不竭而妙用如神，如果私欲遮蔽了"渊"，心就会失去生生不息的根本。

> "见而民莫不敬，言而民莫不信，行而民莫不说"是对"而时出之"的具体展开。

【原文】

是以声名洋溢乎中国，施及蛮貊。舟车所至，人力所通，天之所覆，地之所载，日月所照，霜露所队，凡有血气者，莫不尊亲，故曰配天。

【老刘说】

"声名"指圣德的声望；"洋溢"指充满到溢出的程度；"施"是传播；"队"与"坠"是同义古今字，"所队"在此处指落下来的地方；"配天"指圣德之所及，广大如天。"凡有血气者，莫不尊亲"，与首句"唯天下至圣，为能聪明睿知，足以有临也"相互对应。

圣德泽及天下，声名隆盛，誉满中国，远播四夷。凡是水陆舟车能够到达之处，人力所及之处，天地覆载之处，日月照临之处，霜露坠落之处，只要是有血气而为人类者，都会自发地尊重圣人，亲近圣人。所以说，圣人之德可以与天相配。

说一下"至诚"和"至圣"之间的关系。

"至诚"和"至圣"是互为表里的关系，"至诚"为里，"至圣"为表。"至圣"是从圣人之德发见于外，别人能看得见摸得着的角度来说，即"溥博如天，渊泉如渊""见而民莫不敬，言而民莫不信，行而民莫不说""凡有血气者，莫不尊亲"等；"至诚"是从圣人之德隐于内，别人不知而己独知的角度来说的。即"经纶天下之大经，立天下之大本，知天地之化育"等。显然，"至诚处"是圣人自知的范畴；"至圣处"是别人见得到的范畴。

【第三十二章】

【原文】

唯天下至诚，为能经纶天下之大经，立天下之大本，知天地之化育。夫焉有所倚？

【老刘说】

"经"指"常道"，即必须坚守的原则；"大经"在此处指五伦关系，即父子有亲、君臣有义、夫妇有别、长幼有序、朋友有信，这是人应遵循的道理和准则，五伦关系健康良好，整个人类社会才能健康良好。"纶"本义指把杂乱的丝线整理好，引申为像整理好乱线一样治世。

《中庸》首章说："喜怒哀乐之未发，谓之中""中也者，天下之大本也"，此处的"大本"即"中"；"立天下之大本"即建中于民。

天理流行于天下而无处不在。在人类社会中，天理散布于五伦关系之中，根本载体在于每个个体的天命之性，想尽每个人的性是非常困难的，唯有具备天下至诚的圣人才能做到。圣人知命尽性，德合天地，对于天命之性把握得极其透彻精准，所以能让五伦关系各尽其道。按照各自的伦理关系先定性，再根据天命之性定出各自伦理关系的常道，这个常道是教化和治理天下恒常不变的原则。

天下之大经，与天命之性中的仁义礼智之德是浑然一体的。五伦关系中的所有行为体现，都是天命之性的自然彰显，就像一棵树的枝叶和花果无论如何生发变化，树根是始终不变的。五伦关系的表现形式，会随着大时势的变化而发生变化，但自人性生发这个根本是永远不会变的。圣人能经纶天下之大经，是基于完全清楚天下之大本，天下之大本就是喜怒哀乐之未发之前的心体，心体得正即是立于中道，如此才能发而皆中节，才能落实于个体的五伦关系之中。所以说"立天下之大本"。

圣人至诚而能立天下之大本，是基于知天地之化育。天命之谓性，人只是天地之间的万物之一，必然遵照天地大道的规则，依循天地大道的秩序。圣人依循天地化育之理，立天下大本；依循天下大本，经纶天下大经，这就是至诚在人间的功效彰显。

圣人至诚所以立人之道，在己则广大而无私，于物则曲成而不遗。至诚是不思而自得，不行而自至，除了法天则地、依循天理，哪里需要其他的倚靠呢？

> 从体用关系的角度来说，"经纶"是"天下至诚"之用；"立本"是"天下至诚"之体。"知天地之化育"就是与天地合；"知天地之化育"后能"立天下之大本"，然后能"经纶天下之大经"。

【原文】

肫肫其仁！渊渊其渊！浩浩其天！

【老刘说】

"肫肫（zhūn zhūn）"指恳切，真挚；"渊渊"指深广，深邃；"浩浩"指广阔壮大。

前文是说至诚之德，此处是赞美其盛。

至诚之德，能立天下之大本，经纶天下之大经，知天地之化育。从经纶的角度来说，体现在人伦日用之间，是人性的自然流转，其中的真挚之情，正是纯全仁爱的体现。从立本的角度来说，天下义理皆出于此，至诚之德如同从深渊涌出的泉水，取之不尽而用之不竭。从化育的角度来说，其中的阴阳消长变化，就像天一样无穷无尽，广阔壮大。

第三十一章说"溥博如天，渊泉如渊"，是从圣人德业显著于世的角度说的；本章说的"其渊""其天"是从至诚之盛大的角度说的。

【原文】

苟不固聪明圣知达天德者，其孰能知之？

【老刘说】

本句是总结前文。至诚的功用如此之盛大，除了生知安行、通达天德的圣人，谁又能完全洞悉知晓呢？

【第三十三章】

【原文】

《诗》曰:"衣锦尚䌹。"恶其文之著也。故君子之道,暗然而日章;小人之道,的然而日亡。君子之道,淡而不厌,简而文,温而理,知远之近,知风之自,知微之显,可与入德矣。

【老刘说】

"䌹(jiǒng)"字,通"褧",按照古籍记载,古人穿朝服的时候,要在外面加䌹,推测应该类似于披在外面的罩衣,避免路上朝服被弄脏。"衣锦尚䌹"出自《诗经·卫风·硕人》,这是一首赞美庄姜的诗,诗中说庄姜初嫁的时候,穿着一件华贵的衣服,外面穿了一件朴素的罩衣。这是因为不想让衣服的华贵彰显得太甚。为学者立志于圣人之道,也应该如此。君子为学的目的是提高自己,而不是为了在人前显摆。所以暗中进德修业就可以了,没必要搞得尽人皆知;但随着己德的提升,自然而然就会彰显于外。小人为学的目的是让别人看到听到,唯恐别人不知晓自己,这样必然会心驰于外,内心虚伪无实,所学无法滋养己德,最终难免枯萎消亡。

君子之道,外面看起来平淡普通,深入其中就会明白进德闻道的趣味,让人乐在其中而不会有任何厌倦;外面看起来简单平常,深入其中就会发现内中精彩绝伦的地方,让人流连忘返;外面看起来模糊不清,深入其中就会发现内中条理井然。"淡、简、温"就如同披在锦衣外面朴素的罩衣;"不厌、

159

文、理"如同罩衣下面的锦衣，这是君子进德修业的为己之心如此。

"知远之近"是从以己对物的角度来说的，外物外人外事的各种显现，都是与自己的应对有关的，即彼之是非的因由在于自身的得失，也就是"行有不得，反求诸己"；能洞悉此中因果关系，就能真正知晓"远之近"背后的道理。

"风"指风俗，风气等；"知风之自"是从自身影响的角度来说的，一个人的言谈举止会影响到周边的风气，心是身的主宰，心之邪正决定了身体行为是否妥当合宜，能省察克治，知晓己心的邪正分界，就能真正知晓"风之自"背后的道理。

"知微之显"是从心的体用角度来说的，对自己心体洞明，自然知晓人所不知而己独知的隐微之处，由此可以知晓显著之处；即念虑发于中，则行迹必然显著于外，这就是《大学》的"诚于中，形于外"。能知晓此中内外表里关系，也就真正知晓"微之显"背后的道理。

"知远之近，知风之自，知微之显"都是做为学功夫需要敬谨的微几之处，也就是《周易》系辞中的"知几""研几"。知晓了三者的道理，然后可以着实用功，循序渐进，由此可以达到圣人之德的境界，所以说"可与入德矣"。

【原文】

《诗》云："潜虽伏矣，亦孔之昭！"故君子内省不疚，无恶于志。君子之所不可及者，其唯人之所不见乎？

【老刘说】

"潜"指幽暗深邃的地方；"伏"是隐藏；"孔"在此处作副词，是"甚，很"的意思。"潜虽伏矣，亦孔之昭"出自《诗经·小雅·正月》，意思是说，幽暗深邃的地方虽然隐藏难见，但其中的善恶微几之动，亦是昭然若揭的。对应《大学》的"诚其意者，毋自欺也"。

"疚"指弊病；"内省不疚"即对内省察的时候，没有不合道的弊病存在；"无恶于志"相当于无愧于心。这两句是说君子慎独的事情。本句对应《中庸》第一章的"莫见乎隐，莫显乎微"。

《诗经·小雅·正月》中说：君子在人所不知己所独知之地，亦要做到内省不疚，无愧于心。在别人能看得见的地方，普通人都能做到谨言慎行，而在人所不及的地方，唯有君子能戒慎恐惧，察乎微几之动，这正是君子慎独的功夫所在，君子和非君子的分界也正在此处。

《论语·颜渊》中说："子曰：'内省不疚，夫何忧何惧？'"

"内省"即省察己心；"疚"是"病"的意思，"内省不疚"即"仰不愧，俯不怍"。

孔子说："普通人涵养未纯，识见未定，祸福利害都会动摇其心。具体表现就是对未来的事情多有疑虑，碰到事情多有畏缩，这是忧惧产生的根源所在。成德君子做事光明正大，没有什么是不可以对人说的，也没有什么念头害怕上天知道，对内能省察于心，'仰不愧，俯不怍'，坦坦荡荡，问心无愧。君子理直气壮，其浩然之气足以匹配道义。就算有无妄之事，也会安于天命，又有什么可以忧惧的呢？存养本心的心性功夫不到位就不足以成德，不能成德的人又怎么能做到'仰不愧，俯不怍'呢？又怎么能摆脱忧惧的困扰呢？"

孔子说不忧不惧为君子，重点强调的是"内省而无疚"，而不是"不忧不惧"。"不忧不惧"是"内省而无疚"的自然彰显和结果，二者不能本末倒置。另外，要清楚，内省不疚是从常存敬畏中来，不是从悍然不顾中来的。

【原文】

《诗》云："相在尔室，尚不愧于屋漏。"故君子不动而敬，不言而信。

【老刘说】

"相在尔室，尚不愧于屋漏"出自《诗经·大雅·抑》。

《尔雅·释宫》有言："西北隅谓之屋漏。""屋漏"指古代宗庙内西北角可以施放小帐的隐蔽之处。成语"不愧屋漏",指虽然处于非常隐蔽的地方,亦能做到问心无愧,即不欺暗室,与成语"暗室亏心"的意思刚好相反。

"相在尔室,尚不愧于屋漏"的意思是说,独自在室内的时候,应当也能做到不欺暗室。

这句承接上文,深入阐述君子应戒谨恐惧,应无时无刻不存养本心。不要等到有所动作才想起敬谨,要在动作之前就保持敬谨;不要等到有所言语的时候才想起诚信,要在言语之前就保持诚信。

> "潜虽伏矣"尚需要用省察来发觉善恶有无;"相在尔室"属于"未发之前气象"的范畴,说的是无事时存养本心的功夫。

【原文】

《诗》曰:"奏假无言,时靡有争。"是故君子不赏而民劝,不怒而民威于铁钺。

【老刘说】

"奏假无言,时靡有争"出自《诗经·商颂·烈祖》,这是一首赞美成汤的诗。

"奏"是进,也就是祭祀。"假"字的理解有分歧,孔颖达先生认为"假"应理解成"大","奏假无言"指在祭祀成汤的时候,奏此大乐于宗庙之中,人皆肃敬庄重,没有人言语。朱熹先生认为"假"通"格","奏假无言"指在祭祀成汤的时候,人们感格到神明到来,内心自然就能极其诚敬,皆庄严肃穆,没有人言语。

"靡"是无,"时靡有争"即人们被自然感化,没有任何争竞失礼的人出现。

《诗经·商颂·烈祖》中说:祭祀成汤的典礼上,主祭者怀着极其诚敬的心情开始祭祀，当祭祀的大乐奏起，参与祭祀的人感格到神明来临，不用主祭人出言告诫，都会自觉地保持安静肃穆，没有人发出声音，更不会有争竞失礼的事情发生。

因此，至诚君子的诚敬之德，是足以感化他人的。人们在其德的感化下，即便没有封赏等好处，也会自行向善而行，这是因为人都有向善的本性。至诚君子能唤回每个人与生俱来的向善本性，人们会自发自觉地劝勉自己向善而行。人们在其德的感化下，即便没有嗔怒刑罚等坏处，也会发自内心地畏惧而不敢作恶，畏惧程度甚至远远大于斧钺加身。

德成而民化，这就是圣人化民成俗的功效。为学君子如果能笃实用功，亦能下学而上达，进入圣人化民成俗的境界。

【原文】

《诗》曰："不显惟德，百辟其刑之。"是故君子笃恭而天下平。

【老刘说】

"不显惟德，百辟其刑之"出自《诗经·周颂·烈文》，这一句是在赞美文王之德。

"不显"指文王已经到达大象无形的境界了，其德幽深玄远，无迹可见；"百辟"指天下诸侯；"刑"通"法"，是效法的意思。

君子不必通过赏罚的手段，仅仅是以德化人，就能让人向善去恶，足见至诚之德可以化民成俗，但这还算不上最高境界。《诗经·周颂·烈文》中说："不显维德，百辟其刑之。"可见像周文王这样的圣王治世，已经进入出神入化的境界，圣王有幽深玄远之德，完全看不到具体的动作和痕迹，天下自然就化民成俗了。天下的诸侯都想效法周文王的做法，在治世方面达到相同的效果。

圣王之所以能到达大化无形的境界，也只是因为能时刻戒慎恐惧的慎独功夫罢了，能恭谨笃实地前行，天下之人自然会感慕其德，服从其化，不知不觉中，就天下太平了。

本句对应《中庸》二十六章"於乎不显，文王之德之纯"。"君子笃恭而天下平"对应《中庸》第二十五章的"诚者自成也，而道自道也"；"君子笃恭"是"诚者自成也"，"天下平"是"而道自道也"。

【原文】

《诗》云："予怀明德，不大声以色。"子曰："声色之于以化民，末也。"《诗》曰："德辅如毛。"毛犹有伦。"上天之载，无声无臭。"至矣！

【老刘说】

"予怀明德，不大声以色"出自《诗经·大雅·皇矣》，意思是说，周文王自天佑之，上天之所以保佑他，是因为圣王之明德合于上天，此明德是发自内心的至诚之德，并非彰显在外的行止语默等。

"声色"是说话时的语气和脸色，此处指礼乐政刑等治世手段。"声色之于以化民，末也"是说，为政之本在于以不露痕迹的至诚之德化民成俗，如果不得不借助礼乐政刑的手段来教化民众，就已经是治世之"末"了。即以声色化民为"末"，以德性化民为"本"。

"辅（yóu）"是轻微；"德辅如毛"出自《诗经·大雅·烝民》，形容德之不显，即德之微妙，如同毛发一样轻小，几乎完全感觉不到它的存在。

"伦"是打比方，"毛犹有伦"即毛发是有迹可循、有形可见的，用毛发形容德之不显的功夫做得还是不够完美。"上天之载"指上天赋予的至诚之德是无声无臭、无形可见的。

"无声无臭"对应《论语·阳货》第十九章中的"子曰：'天何言哉？四时行焉，百物生焉，天何言哉？'"大道源于上天，上天什么时候有所言语了？大道流行而四季轮回往复，从未止息。大道生发而有天下万物，不可胜数。天不言语，天所以行、所以生，是因为冥冥之中有大道的主宰和推动。天道以无言而显，欲洞悉大道之妙，不在于言语，而在于默而存之，体认身心，最终积德而化。君子以德化民也应该无声无息，这才是明明德于天下的最高境界。最后这句话，是赞叹其妙，君子之为学，唯有如此，才能进入圣人之化境。

> "不大声以色"并不是说有至德了，就可以不用礼乐政刑了，而是说以至德化民成俗，礼乐教化的效果会更好，政刑的权重相对会降低一些，行政成本会小很多。

《中庸》首章说"天命之谓性"，即大道来源于上天，末章说"上天之载"，是说君子之学应当达于诸天。所以，君子为学，必须通过戒慎恐惧的为学功夫来参赞天地之化育，必须通过诚敬尽己之事来实现"笃恭而天下平"。

附录 《中庸》全文

一

　　天命之谓性，率性之谓道，修道之谓教。道也者，不可须臾离也，可离非道也。是故君子戒慎乎其所不睹，恐惧乎其所不闻。莫见乎隐，莫显乎微，故君子慎其独也。喜怒哀乐之未发，谓之中；发而皆中节，谓之和。中也者，天下之大本也；和也者，天下之达道也。致中和，天地位焉，万物育焉。

二

　　仲尼曰："君子中庸，小人反中庸。君子之中庸也，君子而时中；小人之中庸也，小人而无忌惮也。"

三

　　子曰："中庸其至矣乎！民鲜能久矣！"

四

　　子曰："道之不行也，我知之矣：知者过之，愚者不及也。道之不明也，我知之矣：贤者过之，不肖者不及也。人莫不饮食也，鲜能知味也。"

五

子曰："道其不行矣夫。"

六

子曰："舜其大知也与！舜好问而好察迩言，隐恶而扬善，执其两端，用其中于民，其斯以为舜乎！"

七

子曰："人皆曰予知，驱而纳诸罟擭陷阱之中，而莫之知辟也。人皆曰予知，择乎中庸而不能期月守也。"

八

子曰："回之为人也，择乎中庸，得一善，则拳拳服膺弗失之矣。"

九

子曰："天下国家可均也，爵禄可辞也，白刃可蹈也，中庸不可能也。"

十

子路问强。子曰："南方之强与？北方之强与？抑而强与？宽柔以教，不报无道，南方之强也，君子居之。衽金革，死而不厌，北方之强也，而强者居之。故君子和而不流，强哉矫！中立而不倚，强哉矫！国有道，不变塞焉，强哉矫！国无道，至死不变，强哉矫！"

十一

子曰："素隐行怪，后世有述焉，吾弗为之矣。君子遵道而行，半途而废，吾弗能已矣。君子依乎中庸，遁世不见知而不悔，唯圣者能之。"

十二

君子之道费而隐。夫妇之愚，可以与知焉，及其至也，虽圣人亦有所不知焉。夫妇之不肖，可以能行焉，及其至也，虽圣人亦有所不能焉。天地之大也，人犹有所憾。故君子语大，天下莫能载焉；语小，天下莫能破焉。《诗》云："鸢飞戾天，鱼跃于渊。"言其上下察也。君子之道，造端乎夫妇，及其至也，察乎天地。

十三

子曰："道不远人。人之为道而远人，不可以为道。《诗》云：'伐柯伐柯，其则不远。'执柯以伐柯，睨而视之，犹以为远。故君子以人治人，改而止。忠恕违道不远，施诸己而不愿，亦勿施于人。君子之道四，丘未能一焉：所求乎子以事父，未能也；所求乎臣以事君，未能也；所求乎弟以事兄，未能也；所求乎朋友先施之，未能也。庸德之行，庸言之谨，有所不足，不敢不勉，有余不敢尽。言顾行，行顾言，君子胡不慥慥尔？"

十四

君子素其位而行，不愿乎其外。素富贵，行乎富贵；素贫贱，行乎贫贱；素夷狄，行乎夷狄；素患难，行乎患难。君子无入而不自得焉。在上位，不陵下；在下位，不援上。正己而不求于人，则无怨。上不怨天，下不尤人。故君子居易以俟命，小人行险以侥幸。子曰："射有似乎君子，失诸正鹄，反求诸其身。"

十五

君子之道，辟如行远必自迩，辟如登高必自卑。《诗》曰："妻子好合，如鼓瑟琴。兄弟既翕，和乐且耽。宜尔室家，乐尔妻帑。"子曰："父母其顺矣乎！"

十六

子曰："鬼神之为德，其盛矣乎！视之而弗见，听之而弗闻，体物而不可遗。使天下之人，齐明盛服，以承祭祀，洋洋乎！如在其上，如在其左右。《诗》曰：'神之格思，不可度思，矧可射思。'夫微之显，诚之不可掩如此夫！"

十七

子曰："舜其大孝也与！德为圣人，尊为天子，富有四海之内，宗庙飨之，子孙保之。故大德必得其位，必得其禄，必得其名，必得其寿。故天之生物，必因其材而笃焉。故栽者培之，倾者覆之。《诗》曰：'嘉乐君子，宪宪令德。宜民宜人，受禄于天。保佑命之，自天申之。'故大德者必受命。"

十八

子曰："无忧者其惟文王乎！以王季为父，以武王为子；父作之，子述之。武王缵大王、王季、文王之绪，壹戎衣而有天下。身不失天下之显名，尊为天子，富有四海之内，宗庙飨之，子孙保之。武王末受命，周公成文武之德，追王大王、王季，上祀先公以天子之礼。斯礼也，达乎诸侯大夫，及士庶人。父为大夫，子为士，葬以大夫，祭以士。父为士，子为大夫，葬以士，祭以大夫。期之丧，达乎大夫。三年之丧，达乎天子。父母之丧，无贵贱一也。"

十九

子曰："武王、周公，其达孝矣乎！夫孝者；善继人之志，善述人之事者也。春秋修其祖庙，陈其宗器，设其裳衣，荐其时食。宗庙之礼，所以序昭穆也；序爵，所以辨贵贱也；序事，所以辨贤也；旅酬下为上，所以逮贱也；燕毛，所以序齿也。践其位，行其礼，奏其乐，敬其所尊，爱其所亲，事死如事生，事亡如事存，孝之至也。郊社之礼，所以事上帝也。宗庙之礼，所以祀乎其先也。明乎郊社之礼、禘尝之义，治国其如示诸掌乎！"

二十

哀公问政。子曰："文武之政，布在方策。其人存，则其政举；其人亡，则其政息。人道敏政，地道敏树。夫政也者，蒲卢也。故为政在人，取人以身，修身以道，修道以仁。仁者，人也，亲亲为大。义者，宜也，尊贤为大。亲亲之杀，尊贤之等，礼所生也。在下位不获乎上，民不可得而治矣。故君子不可以不修身。思修身，不可以不事亲；思事亲，不可以不知人；思知人，不可以不知天。"

天下之达道五，所以行之者三。曰君臣也，父子也，夫妇也，昆弟也，朋友之交也：五者，天下之达道也。知、仁、勇三者，天下之达德也，所以行之者一也。或生而知之，或学而知之，或困而知之，及其知之一也。或安而行之，或利而行之，或勉强而行之，及其成功一也。子曰："好学近乎知，力行近乎仁，知耻近乎勇。知斯三者，则知所以修身；知所以修身，则知所以治人；知所以治人，则知所以治天下国家矣。"

凡为天下国家有九经，曰：修身也，尊贤也，亲亲也，敬大臣也，体群臣也，子庶民也，来百工也，柔远人也，怀诸侯也。修身则道立，尊贤则不惑，亲亲则诸父昆弟不怨，敬大臣则不眩，体群臣则士之报礼重，子庶民则百姓劝，来百工则财用足，柔远人则四方归之，怀诸侯则天下畏之。

齐明盛服，非礼不动，所以修身也。去谗远色，贱货而贵德，所以劝贤也。尊其位，重其禄，同其好恶，所以劝亲亲也。官盛任使，所以劝大臣也。忠信重禄，所以劝士也。时使薄敛，所以劝百姓也。日省月试，既禀称事，所以劝百工也。送往迎来，嘉善而矜不能，所以柔远人也。继绝世，举废国，治乱持危，朝聘以时，厚往而薄来，所以怀诸侯也。

凡为天下国家有九经，所以行之者一也。凡事豫则立，不豫则废。言前定则不跲，事前定则不困，行前定则不疚，道前定则不穷。

在下位不获乎上，民不可得而治矣。获乎上有道：不信乎朋友，不获乎上矣。信乎朋友有道：不顺乎亲，不信乎朋友矣。顺乎亲有道：反诸身不诚，不顺乎亲矣。诚身有道：不明乎善，不诚乎身矣。

诚者，天之道也；诚之者，人之道也。诚者，不勉而中，不思而得，从容中道，圣人也。诚之者，择善而固执之者也。博学之，审问之，慎思之，明辨之，笃行之。有弗学，学之弗能弗措也；有弗问，问之弗知弗措也；有弗思，思之弗得弗措也；有弗辨，辨之弗明弗措也；有弗行，行之弗笃弗措也。人一能之，己百之；人十能之，己千之。果能此道矣，虽愚必明，虽柔必强。

二一

自诚明，谓之性；自明诚，谓之教。诚则明矣，明则诚矣。

二二

唯天下至诚，为能尽其性；能尽其性，则能尽人之性；能尽人之性，则能尽物之性；能尽物之性，则可以赞天地之化育；可以赞天地之化育，则可以与天地参矣。

二三

其次致曲，曲能有诚，诚则形，形则著，著则明，明则动，动则变，变则化，唯天下至诚为能化。

二四

至诚之道，可以前知。国家将兴，必有祯祥；国家将亡，必有妖孽。见乎蓍龟，动乎四体。祸福将至：善，必先知之；不善，必先知之。故至诚如神。

二五

诚者自成也，而道自道也。诚者物之终始，不诚无物。是故君子诚之为贵。诚者，非自成己而已也，所以成物也。成己，仁也；成物，知也。性之德也，合外内之道也，故时措之宜也。

二六

故至诚无息。不息则久，久则征；征则悠远，悠远则博厚，博厚则高明。博厚，所以载物也；高明，所以覆物也；悠久，所以成物也。博厚配地，高明配天，悠久无疆。如此者，不见而章，不动而变，无为而成。

天地之道，可一言而尽也：其为物不贰，则其生物不测。天地之道：博也，厚也，高也，明也，悠也，久也。今夫天，斯昭昭之多，及其无穷也，日月星辰系焉，万物覆焉。今夫地，一撮土之多，及其广厚，载华岳而不重，振河海而不泄，万物载焉。今夫山，一卷石之多，及其广大，草木生之，禽兽居之，宝藏兴焉。今夫水，一勺之多，及其不测，鼋鼍蛟龙鱼鳖生焉，货财殖焉。

《诗》云："维天之命，於穆不已！"盖曰天之所以为天也。"於乎不显，文王之德之纯！"盖曰文王之所以为文也，纯亦不已。

二七

大哉圣人之道！洋洋乎！发育万物，峻极于天。优优大哉！礼仪三百，威仪三千，待其人而后行。故曰苟不至德，至道不凝焉。故君子尊德性而道问学，致广大而尽精微，极高明而道中庸。温故而知新，敦厚以崇礼。是故居上不骄，为下不倍。国有道其言足以兴，国无道其默足以容。《诗》曰："既明且哲，以保其身。"其此之谓与？

二八

子曰："愚而好自用，贱而好自专，生乎今之世，反古之道。如此者，灾及其身者也。"非天子，不议礼，不制度，不考文。今天下车同轨，书同文，行同伦。虽有其位，苟无其德，不敢作礼乐焉；虽有其德，苟无其位，亦不敢作礼乐焉。子曰："吾说夏礼，杞不足征也；吾学殷礼，有宋存焉；吾学周礼，今用之，吾从周。"

二九

王天下有三重焉，其寡过矣乎！上焉者，虽善无征，无征不信，不信民弗从。下焉者，虽善不尊，不尊不信，不信民弗从。

故君子之道，本诸身，征诸庶民，考诸三王而不缪，建诸天地而不悖，质诸鬼神而无疑，百世以俟圣人而不惑。质诸鬼神而无疑，知天也；百世以俟圣人而不惑，知人也。是故君子动而世为天下道，行而世为天下法，言而世为天下则。远之则有望，近之则不厌。

《诗》曰："在彼无恶，在此无射。庶几夙夜，以永终誉。"君子未有不如此而蚤有誉于天下者也。

三十

仲尼祖述尧、舜，宪章文、武，上律天时，下袭水土。辟如天地之无不持载，无不覆帱，辟如四时之错行，如日月之代明。万物并育而不相害，道并行而不相悖。小德川流，大德敦化，此天地之所以为大也！

三一

唯天下至圣，为能聪明睿知，足以有临也；宽裕温柔，足以有容也；发强刚毅，足以有执也；齐庄中正，足以有敬也；文理密察，足以有别也。溥博渊泉，而时出之。溥博如天，渊泉如渊。见而民莫不敬，言而民莫不信，行而民莫不说。是以声名洋溢乎中国，施及蛮貊。舟车所至，人力所通，天之所覆，地之所载，日月所照，霜露所队，凡有血气者，莫不尊亲，故曰配天。

三二

唯天下至诚，为能经纶天下之大经，立天下之大本，知天地之化育。夫焉有所倚？肫肫其仁！渊渊其渊！浩浩其天！苟不固聪明圣知达天德者，其孰能知之？

三三

《诗》曰："衣锦尚䌹。"恶其文之著也。故君子之道，暗然而日章；小人之道，的然而日亡。君子之道，淡而不厌，简而文，温而理，知远之近，知风之自，知微之显，可与入德矣。

《诗》云："潜虽伏矣，亦孔之昭！"故君子内省不疚，无恶于志。君子之所不可及者，其唯人之所不见乎？

《诗》云："相在尔室，尚不愧于屋漏。"故君子不动而敬，不言而信。

《诗》曰："奏假无言，时靡有争。"是故君子不赏而民劝，不怒而民威于鈇钺。

《诗》曰："不显惟德，百辟其刑之。"是故君子笃恭而天下平。

《诗》云："予怀明德，不大声以色。"子曰："声色之于以化民，末也。"

《诗》曰："德辑如毛。"毛犹有伦。"上天之载，无声无臭。"至矣！